Ce livre va changer votre vie

Design graphique : Josée Amyotte
Infographie : Chantal Landry
Révision : Caroline Hugny
Correction : Céline Vangheluwe et Ginette Choinière

Données de catalogage disponibles auprès de Bibliothèque et Archives nationales du Québec

DISTRIBUTEURS EXCLUSIFS :

Pour le Canada et les États-Unis :
MESSAGERIES ADP inc.*
Téléphone : 450-640-1237
Internet : www.messageries-adp.com
* filiale du Groupe Sogides inc.,
filiale de Québecor Média inc.

Pour la France et les autres pays :
INTERFORUM editis
Téléphone : 33 (0) 1 49 59 11 56/91
Service commandes France Métropolitaine
Téléphone : 33 (0) 2 38 32 71 00
Internet : www.interforum.fr
Service commandes Export – DOM-TOM
Internet : www.interforum.fr
Courriel : cdes-export@interforum.fr

Pour la Suisse :
INTERFORUM editis SUISSE
Téléphone : 41 (0) 26 460 80 60
Internet : www.interforumsuisse.ch
Courriel : office@interforumsuisse.ch
Distributeur : OLF S.A.
Commandes :
Téléphone : 41 (0) 26 467 53 33
Internet : www.olf.ch
Courriel : information@olf.ch

Pour la Belgique et le Luxembourg :
INTERFORUM BENELUX S.A.
Téléphone : 32 (0) 10 42 03 20
Internet : www.interforum.be
Courriel : info@interforum.be

01-17

Imprimé au Canada

L'ouvrage original a été publié par Inre Halsa AB, sous le titre *Lär Dig Leva. Mindre Stress-Mer närvaro.*

Dépôt légal : 2017
Bibliothèque et Archives nationales du Québec

ISBN 978-2-7619-4833-3

Gouvernement du Québec – Programme de crédit d'impôt pour l'édition de livres – Gestion SODEC – www.sodec.gouv.qc.ca

L'Éditeur bénéficie du soutien de la Société de développement des entreprises culturelles du Québec pour son programme d'édition.

Conseil des Arts du Canada | Canada Council for the Arts

Nous remercions le Conseil des Arts du Canada de l'aide accordée à notre programme de publication.

Financé par le gouvernement du Canada | Funded by the Government of Canada | Canada

Nous remercions le gouvernement du Canada de son soutien financier pour nos activités de traduction dans le cadre du Programme national de traduction pour l'édition du livre.

Nous reconnaissons l'aide financière du gouvernement du Canada par l'entremise du Fonds du livre du Canada pour nos activités d'édition.

Mats Billmark et Susan Billmark

Ce livre va changer votre vie

Traduit de l'anglais par Paule Noyart

LES ÉDITIONS DE L'HOMME
Une société de Québecor Média

À Julia,
notre fille bien-aimée et
notre source d'inspiration

AVANT-PROPOS

Mes chers amis Mats et Susan m'ont demandé de lire ce livre et, d'un bout à l'autre, ce fut un immense plaisir. J'ai découvert les épreuves qu'ils ont traversées, et je sais maintenant que leur retour au bonheur et à l'harmonie peut être une source de sagesse pour tous. Faire preuve d'un tel courage, se retrouver et retrouver l'autre, être capables d'appeler à l'aide, tout cela atteste de leur grande force intérieure.

Je suis absolument convaincu qu'après avoir découvert le cheminement de Mats et Susan et pris connaissance de leurs pensées profondes et de leurs réflexions, un grand nombre d'entre vous se sentiront prêts à changer leur vie. C'est donc avec une grande joie que je vous laisse à la lecture de ce livre, dans lequel vous puiserez la force et l'inspiration que Mats et Susan désirent partager avec vous.

Mikael Werthwein

LES AUTEURS

Mats Billmark

Je suis né à Kalmar, en Suède. C'est mon premier emploi qui m'a lancé dans ma carrière. J'ai toujours été un leader et un entrepreneur. Pendant des années, j'ai dissimulé mon anxiété sous mon entrain et mon caractère chaleureux. Je crois que peu de gens se rendaient compte à quel point mon estime de moi était défaillante.

Au cours des quelques dernières années, je me suis plongé dans des recherches sur les troubles psychologiques, un sujet auquel j'ai toujours accordé une énorme importance. En 2011, j'ai donné une première conférence intitulée « Santé intérieure » dans un hôtel de Kalmar. L'accueil du public a été extraordinaire. Après six autres conférences dans la même ville, j'ai parcouru le pays pour m'adresser à d'autres assemblées. En 2013, j'ai sorti une version DVD de la série de conférences « Santé intérieure ». Mon nouvel objectif aujourd'hui est de vivre davantage le moment présent. Je suis tout à fait convaincu que la base d'une vie plus heureuse, plus belle et plus satisfaisante repose dans la conscience du moment présent.

Je continue à être sensible au stress. Pour le pire ou le meilleur, j'ai finalement compris que je n'aurai plus jamais la même énergie et la même vigueur qu'avant mon *burnout* et ma maladie. Mais j'ai appris à me connaître et je sais maintenant quelles sont mes limites.

Susan Billmark

Je suis née à Ludvika, en Suède. J'étais une enfant très timide, mais j'avais la chance d'être entourée de gens extravertis et créatifs. Ils m'ont appris à oser et à poursuivre mes objectifs. J'ai fini par surmonter ma timidité, je suis sortie de ma zone de confort et ma confiance s'en est trouvée rehaussée. Hélas, toutes sortes de petites tâches se sont accumulées et j'ai fini par me sentir débordée. Il m'était très difficile de dire non ; j'avais trop peur de ne plus être aimée.

Avec le recul, lorsque j'examine les causes de l'épuisement qui a provoqué cet effondrement, je réalise que ce sont les gens très forts qui sont frappés par ce type de dépression. J'avais toujours réprimé mes besoins, je ne connaissais pas ma propre valeur, je ne savais pas qu'il était essentiel que je prenne soin de moi. Au cours des dernières années, j'ai redécouvert ma créativité, j'ai appris à l'écouter et elle occupe à présent une bonne partie de ma vie quotidienne. En fait, j'ai toujours su, intuitivement, que créer améliorerait ma santé. Et c'est ce qui est arrivé ! La créativité m'a aidée à guérir. Je regrette de ne pas l'avoir découverte plus tôt ! Aujourd'hui, la place qu'elle occupe dans ma vie est immense. Je sais que c'est un outil formidable pour améliorer la qualité de vie et la santé. C'est pour cette raison que j'ai ajouté à cet ouvrage un chapitre entier sur le sujet.

Mon plus grand défi est mon poids et mon besoin de sucre. Comme j'ai horreur de transpirer et de faire de l'exercice, perdre des kilos est loin d'être une tâche facile ! Pendant très longtemps, mon corps n'a pas bénéficié du respect qu'il mérite, mais aujourd'hui, je lui donne la priorité. Je sais à quel point c'est important quand on a dépassé les 50 ans !

À PROPOS DE NOUS

Nous nous sommes rencontrés à Kalmar en 1995. Mats préparait une conférence importante et avait besoin d'une décoratrice. Depuis ce temps, nous sommes inséparables et nous travaillons souvent ensemble.

Notre fille Julia est née en mai 1996. En 2011, notre famille s'est agrandie lorsque nous avons accueilli deux enfants chez nous, Elsa (née en 2004) et Martin (né en 2009).

Il est difficile de comparer le concept suédois de « famille d'accueil » avec celui d'autres pays, mais on pourrait résumer ainsi la situation : il y a en Suède des enfants qui, tout en restant sous la responsabilité de leurs parents, passent néanmoins du temps dans ce que l'on appelle des « familles de soutien ». Cette disposition facilite, d'une part, l'existence des parents, et permet d'autre part aux enfants de connaître un mode de vie différent. Ils ont l'occasion de rencontrer d'autres adultes et d'élargir leur cercle d'amis.

POURQUOI NOUS AVONS ÉCRIT CE LIVRE

Imaginez ce dont nous aurions bénéficié si nous avions eu un tel livre entre les mains quand nous nous sentions si mal en point ! Eh bien, le voici, ce livre ! Nous espérons qu'il viendra en aide à un grand nombre de personnes qui, comme nous, ne savaient pas qu'il était grand temps de changer leurs habitudes et de réfléchir dans le but de donner une nouvelle orientation à leur existence.

Nous n'avions pas ce livre, c'est vrai, mais nous nous soutenions mutuellement. Dans nos pires moments, nous ne nous sentions pas nécessairement aidés l'un par l'autre, mais nous recevions l'appui de quelqu'un de notre entourage qui comprenait à quel point il est difficile de lutter contre l'anxiété et le stress. Notre médecin nous avait conseillé d'écrire au sujet de nos propres ressentis. C'est ce que nous avons fait, mais nous ne comptions pas, à l'époque, partager ces informations avec qui que ce soit – mis à part quelques-uns de nos amis qui ont lu nos journaux intimes et ont été profondément émus. Nous avons alors compris que nos réflexions pouvaient aider d'autres personnes souffrant de problèmes similaires aux nôtres.

Notre espoir est que vous preniez conscience de la nécessité de changer votre vie avant que vos problèmes ne vous entraînent trop loin, comme cela nous est arrivé.

Nous vous recommandons de lire cet ouvrage lentement. Lisez un chapitre, laissez reposer notre message, essayez ensuite de découvrir dans quelle mesure il se rapporte à votre vie. N'hésitez pas à vous attarder sur les chapitres qui vous concernent tout spécialement.

Oui, vous pouvez apporter des changements bénéfiques dans votre vie !

VIVRE LE MOMENT PRÉSENT

Lorsqu'on a demandé au dalaï-lama ce qui l'avait le plus étonné au sujet de l'humanité, il a répondu :

> *L'homme. Parce qu'il sacrifie sa santé pour gagner de l'argent, puis il sacrifie cet argent pour recouvrer la santé. Ensuite, il vit dans une telle anxiété au sujet de l'avenir qu'il est incapable de jouir du moment présent. Le résultat, c'est qu'il ne vit ni dans le présent ni dans l'avenir ; il vit comme s'il était immortel, et il meurt sans avoir vraiment vécu.*

Nous avons tous, au moins une fois, eu l'impression que tout dans notre vie se trouvait à sa juste place. Pendant un bref moment, nous avons ressenti un calme et une paix intérieure que nous souhaitions conserver à jamais. Voyez-vous de quoi nous parlons ? Quelques secondes de joie totale et intense auprès de notre enfant, de notre compagnon ou de notre compagne, ou même de notre animal familier. Ce genre de moment peut aussi être offert par la nature.

Si vous savez de quoi nous parlons, vous avez déjà goûté à ce qui caractérise une présence totale au MOMENT !

Pourquoi, oui, pourquoi nous est-il si difficile de vivre dans le présent ? Notre cerveau est constamment préoccupé par l'avenir : il analyse sans cesse de quelle manière nos actions pourraient avoir une incidence sur lui. Nous étudions notre passé et utilisons les informations recueillies pour concevoir de nouvelles idées, pour être plus créatifs, pour aiguiser notre discernement, pour trouver des solutions. C'est la raison pour laquelle nous sommes beaucoup plus intéressés et préoccupés par l'avenir et le passé que par le présent.

Le passé nous définit et nous donne un sentiment d'identité. L'avenir sous-tend toujours un espoir de réussite et de bonheur. Mais qu'en est-il du présent ?

CE BAVARDAGE CONSTANT

Nos pensées nous obsèdent. Dès que nous nous levons le matin, **la petite voix dans notre tête se met à discourir,** et elle ne se tait que lorsque nous nous endormons. Quand nous sommes stressés, nous ne pouvons la faire taire que pendant quelques secondes.

Notre intellect et nos pensées sont nos plus grands atouts, mais lorsque le bavardage dans notre tête prend le dessus et que nous nous privons ainsi du plaisir de profiter du moment présent, ces pensées deviennent un fardeau. Nous devons nous efforcer de maintenir un équilibre sain entre notre perception et notre conscience du présent, et nos pensées sur le passé et l'avenir.

Un grand nombre de personnes ne se rendent même pas compte qu'elles pensent sans la moindre interruption. La voix dans leur tête commente, spécule, juge, se plaint, fait la liste de ce qu'elle aime et de ce qu'elle déteste. Pour beaucoup de gens, ces pensées sont la cause principale de leur stress, de leur manque d'estime de soi, de leur tristesse et de leurs déceptions.

Nous vivons certes dans le présent, mais nous lui prêtons rarement attention.

C'est ce constant bourdonnement dans notre tête qui nous rend la conscience du présent presque impossible.

> ***Mats raconte :***
> *Je me souviens d'une anecdote qui m'a fait prendre conscience de l'hyperactivité de mes pensées. Cela s'est passé dans une épicerie. Un homme parcourait les allées en se parlant à lui-même à propos de plusieurs choses – ce qu'il allait manger au souper, ce qu'il dirait lors d'un coup de fil qu'il comptait donner plus tard... Comment réagissaient les autres clients ? Ils s'écartaient pour laisser passer l'homme affligé de cet étrange*

comportement. C'est alors que j'ai compris que nous étions tous pareils. Les mots prononcés à voix haute par cet homme étaient ceux que les gens prétendument « normaux » se disent mentalement à eux-mêmes.

LA CHASSE AU BONHEUR

L'alcool, la nourriture, le sexe, l'exercice et les drogues sont quelques-uns des éléments qui procurent un soubresaut fugace de plaisir... et qui nous laissent insatisfaits : nous n'en avons jamais assez !

Le bonheur est temporaire. En conséquence, il y a des gens qui sont constamment en quête d'une montée d'adrénaline. Une étude américaine démontre que le bonheur des personnes heureuses grâce à un nouveau travail, une nouvelle relation ou un nouvel appartement s'atténue et disparaît après trois mois. De nos jours, nous « magasinons » plus que jamais, mais cela ne nous donne pas pour autant une satisfaction durable.

Quand allons-nous enfin comprendre ? Beaucoup de gens sont tout à fait convaincus que leur prochaine relation, rénovation, leur enfant à naître, leur travail et leurs vacances, etc., vont les rendre, enfin, totalement heureux.

> **Nos aspirations pour l'avenir nous font oublier de vivre dans le présent.**
>
> **Chuang Tzu**

Beaucoup de gens sont obsédés par l'avenir parce qu'ils ne sont pas satisfaits du présent. Un trop grand nombre d'entre eux croient que l'argent peut acheter le véritable bonheur. Examinons l'exemple suivant : disons que vous avez gagné à la loterie. Vous êtes heureux pendant quelques mois, puis l'insatisfaction réapparaît et vous vous retrouvez à la case départ. Si vous ne pratiquez pas l'art de vivre dans le moment, vous serez toujours incapable d'en profiter.

On ne peut connaître la joie véritable que si l'on vit dans le moment !

Dans *Nextopia*, Micael Dahlén, professeur à l'École d'économie de Stockholm, écrit ceci à propos de ce qu'il appelle « la société convoiteuse » :

> *Maintenant que l'Internet rend tout accessible, nous pensons que le bonheur repose quelque part dans l'avenir, et non dans le présent. À la télévision et sur le web, nous découvrons une foule de possibilités et d'objets à acquérir et cela nous rend malades d'envie. Comparée à cela, notre réalité quotidienne nous paraît terne.*

Un grand nombre de gens s'agitent et aspirent à une autre vie, dans un autre temps. Leur ici et maintenant est rarement – ou jamais – assez bon pour eux.

Avez-vous l'impression que les jours, les mois et les années passent trop vite ? Il n'y a qu'un seul moyen de mettre un frein à votre expérience du temps : en vivant plus consciemment le moment présent !

> ***Tout et pourtant rien :***
> *Des amis à nous qui ont deux jeunes enfants de quatre et six ans passent presque tous leurs étés en voyage. Leur emploi du temps est saturé d'activités et d'événements. Ils vont dans les parcs d'amusement, rendent visite à leurs amis dans toute la Suède. Lorsque nous les avons vus au début de l'automne, nous leur avons demandé comment leur été s'était passé. Ils nous ont répondu : « On a l'impression d'avoir été partout et nulle part ! »*

LE BONHEUR EN UN CLIN D'ŒIL

Quand Henrik Rydström, le footballeur suédois bien connu, a participé au dernier match de sa carrière, un événement très particulier s'est produit :

> *Mon dernier match était terminé. Quand j'ai levé les yeux vers les rangées de sièges, j'ai aperçu un visage très familier. C'était celui d'Aldor, l'entraîneur de mon enfance. Il avait fait 100 km pour venir voir le match. Je suis allé vers lui, je lui ai pris les mains et je lui ai dit : « Aldor, comme je suis*

heureux de vous voir. » Il avait les larmes aux yeux, il était trop ému pour répondre. Je vivais un de ces moments précieux dont le souvenir ne me quitterait jamais. Toutes les séances d'entraînement sous la pluie, dans le vent et la neige en valaient vraiment la peine ! Tout en valait la peine.

Pendant cet instant magique, Henrik était totalement présent à la vie. Ce moment lui a donné un aperçu de ce qu'était l'ici et maintenant dans sa forme la plus belle et la plus riche.

Les moments les plus joyeux de l'existence surviennent quand nous sommes totalement dans l'ici et maintenant.

Apprendre à être présent à la vie est le commencement d'un merveilleux voyage, un voyage qui débouche sur une paix intérieure plus profonde, une conscience plus aiguë, un bonheur et une vitalité dont on n'a probablement jamais fait l'expérience.

Au début de ce voyage, vous serez sans doute simplement capable d'avoir quelques aperçus du présent, mais avec de la pratique et un bon entraînement, vous disposerez de périodes de présence de plus en plus longues. Ce qui, au début, vous sera le plus facile, c'est de prendre du recul afin d'observer vos propres pensées, et de vous dire : Il y a ce bavardage perpétuel dans ma tête, mais je suis ici, maintenant, et je l'écoute. Quand vous écoutez et devenez plus attentif à vos pensées, vous êtes non seulement plus conscient de ce qu'elles représentent, mais vous vous voyez simplement comme le témoin de ces pensées.

Une nouvelle conscience vient de vous apparaître.

Chaque fois que vous interrompez le flux de vos pensées, votre contact avec le présent s'élargit. Chez la plupart des gens, cette ouverture ne se produit que rarement, ou par coïncidence. Elle se produit grâce à un événement marquant, une intimité sentimentale, un épuisement physique extrême. Soudain, vous vivez dans un précieux silence. Malheureusement, ces moments tendent à être brefs, et le bavardage reprend de plus belle.

Il est prouvé que si nous arrivons à être mentalement et émotionnellement présents à ce que nous faisons, nous ressentons un immense bonheur.

Apprendre à passer plus de temps dans le moment est le plus beau cadeau que vous puissiez vous offrir.

Si vous voulez apporter un changement dans votre vie, concentrez-vous sur votre volonté d'être présent au moment aussi souvent qu'il vous est possible. Habituez-vous à vous détacher de votre obsession du passé et de l'avenir. Soyez attentif aux instants où vous êtes pleinement dans l'ici et maintenant. Cela vous aidera à vivre de plus en plus souvent dans le moment présent.

Soyez davantage conscient. Utilisez tous vos sens, demandez-vous : Qui est avec moi ? Quels sons perçois-je ? Que vois-je dans mon environnement ? Quelles odeurs me chatouillent les narines ? Assurez-vous d'éviter tout jugement de valeur sur ce que vous ressentez, évitez les mots tels que « bon » et « mauvais », soyez attentif à votre respiration. Sentez l'air qui entre et sort de vos poumons. Concentrez-vous sur le présent et nommez le problème qui vous préoccupe dans ce présent.

Vos problèmes s'atténueront lorsque toute votre attention sera concentrée sur le PRÉSENT !

EXERCICES POUR LE PRÉSENT

Apprendre à être plus présent au moment demande de la pratique et de la patience. Un objectif raisonnable est de tenter de créer un plus grand nombre de moments de présence totale, et de passer moins de temps à penser au passé et à l'avenir. Chaque fois que vous parvenez à interrompre le flux de vos pensées, votre lien au présent devient plus fort. Le défi consiste à pratiquer régulièrement quelques-uns des exercices suivants :

MÉDITATION/RESPIRATION

Pendant la journée, concentrez-vous sur votre respiration aussi souvent qu'il vous est possible. Chaque moment de cette concentration est bénéfique. Lorsque vos pensées vagabondent, prenez-en note et ramenez votre concentration à votre souffle. Faites l'exercice pendant cinq minutes. Vous pouvez même aller jusqu'à une demi-heure !

Fermez les yeux. À chaque inspiration, pensez : « J'inspire. » À chaque expiration, pensez : « J'expire. »

Concentrez-vous sur votre souffle. Respirez et détendez-vous.

FOCUS

À certains moments, prenez une grande respiration et demandez-vous : **Que se passe-t-il ici et maintenant ?** Prêtez une attention extrême à ce que vous faites et à ce que vous ressentez dans ce moment.

AFFIRMATION

En répétant l'affirmation suivante pendant un minimum d'une minute ou un maximum de trois minutes, une fois par jour au moins, vous renforcerez votre intention de vivre davantage dans le moment présent :

« **Je décide de rester totalement et pleinement dans le moment présent.** »

INTERROMPEZ LE FLUX DE VOS PENSÉES

Pour connaître 5 à 10 secondes de présence dans le moment, posez-vous calmement cette question :

« **Je me demande ce que sera ma prochaine pensée.** »

SCRUTEZ VOTRE CORPS

Efforcez-vous d'être plus perspicace et de prêter attention aux messages que vous envoie votre corps. **Consultez Internet pour y trouver un enregistrement qui vous y aidera.**

YOGA/QI GONG

Associer des exercices combinant respiration et mouvements corporels renforcera votre état physique, vous rendra plus présent et vous aidera à améliorer votre conscience corporelle.

DEMANDEZ-VOUS : « EST-CE QUE JE VIS DANS LE PRÉSENT ? »

Répondez aux questions suivantes par : « très souvent », « rarement » ou « jamais ».

- Vous arrive-t-il de vous dire que tout irait mieux dans votre vie si vous faisiez ceci ou cela ?
- Vous répétez-vous que votre existence échappe à votre contrôle ?
- Vous arrive-t-il de vous sentir déçu parce que vos vacances ou vos loisirs ne vous ont pas apporté ce que vous attendiez ?
- Vous arrive-t-il de faire passer les autres avant vous ?
- Avez-vous l'impression que vous n'avez pas le temps de réfléchir à ce qui vous arrive ?
- Vous arrive-t-il d'ignorer vos symptômes physiques au point de ne rien faire pour les soulager ?

Si vous répondez « très souvent » à quatre (ou plus) de ces questions, efforcez-vous de découvrir ce que vous devez changer dans votre approche du présent. Si vous répondez « rarement » ou « jamais » à presque toutes les questions, cela signifie que vous avez déjà fait un bon bout de chemin.

Réfléchissez à vos réponses et voyez si elles correspondent à votre définition du bonheur.

(Ces questions sont tirées du livre suédois *Culture for Health's Sake*, d'Eva Horwitz.)

LA MÉTHODE BILLMARK

La méthode suivante vous aidera à devenir plus conscient et plus présent à l'ici et maintenant.

1. **Dites : « maintenant », à voix haute ou en vous-même.** Cela vous amènera à être plus conscient et à interrompre le flux de vos pensées.
2. **Concentrez-vous sur vos cinq respirations suivantes.** Dites-vous, calmement : « Inspire. Expire. »
3. **Dites ce que vous êtes en train de faire en ce moment, à voix haute ou mentalement.** Soyez attentif aux détails. N'utilisez pas de mots basés sur des jugements de valeur comme « bon », « dégoûtant », « laid » ou « beau ». Par exemple : « Je suis assis devant mon ordinateur et j'écris un courriel à mon fils. Puis je le lui envoie. » Ou « Je mange une salade composée de tomates, de tranches de concombre et de crevettes. J'en prends un peu sur ma fourchette et je la porte à ma bouche. »

Essayez de pratiquer un ou tous ces exercices au moins une fois par jour.

Concentrez-vous sur votre respiration aussi souvent que possible. Une respiration consciente est la clé nécessaire à la fondation d'une vie vécue dans le MOMENT PRÉSENT !

L'EGO

> **L'humanité fait face à un choix crucial. Ou bien nous continuons à vivre dans une conscience orientée vers le vieil EGO, ou nous décidons de vivre dans une conscience orientée vers la PRÉSENCE.**
>
> **Eckhart Tolle**

L'ego déteste le PRÉSENT, il ne le voit que comme une distance à franchir afin que nous puissions être heureux, un jour, dans l'avenir.

L'ego n'en a jamais assez, rien n'est jamais assez bon pour lui.

Pour atteindre ce que l'ego qualifie de « bonheur », des individus partent à la chasse au pouvoir, à l'argent, à l'approbation, aux possessions et à la force physique. Pendant un court moment, ils se sentent un peu mieux.

Aussi longtemps que notre ego dirige notre existence, nous sommes constamment à la chasse aux nouvelles expériences, aux nouveaux gadgets, aux nouveaux stimulants... Les besoins de notre ego sont insatiables. Lorsque l'ego est au pouvoir, nous ne connaissons que des sentiments d'inadéquation et de peur.

L'ego refuse de se reposer, il est constamment en quête d'approbation, il a un urgent besoin de juger les autres. L'ego a besoin de contrôler. Il a des attentes insensées.

La puissance de votre ego dépend de jusqu'à quel point vous l'identifiez à vos pensées et du fait que vous permettez au bavardage qui occupe votre cerveau d'influencer vos actes et vos choix.

Regardons-nous de l'extérieur et disons-nous ceci : **Je suis ici, et je sais que des pensées tourbillonnent dans ma tête.**

> **L'ego devient une fausse identité lorsque nous croyons que nous sommes différents, à la fois des autres et du reste du monde.**
>
> Wayne W. Dyer

Plus enflé est votre ego, plus il vous éloigne de votre véritable moi, de votre moi authentique.

Vous n'êtes pas votre ego. Votre ego est l'image que vous vous faites de vous-même. C'est votre masque social, c'est le rôle que vous tenez.

Facebook :

Lorsque j'ai ouvert ma page Facebook : « Vivre dans le PRÉSENT », j'ai eu un bon aperçu de la puissance de l'ego. Dès son apparition, la page a été un grand succès. Mon ego a enflé en proportion du nombre de messages reçus chaque jour. Chaque fois que je visitais cette page, j'avais la confirmation que moi-même, et la page, étions extrêmement appréciés, et une forte montée d'endorphines se déversait en moi. Mon ego se sentait tellement bien que je me suis mis à consulter la page dès que j'avais une petite déprime et ressentais le besoin d'une nouvelle piqûre d'euphorisants. Je suis devenu dépendant des nouveaux messages et des commentaires positifs.

C'est Susan qui m'a alerté en me disant : « Tu ne crois pas qu'il est malsain de vivre à travers ton ego, alors que tu as écrit que les gens devraient faire l'opposé ? » Alors je me suis réveillé et j'ai compris à quel point je m'égarais. C'était si facile de laisser mon ego prendre le contrôle – tout en étant convaincu d'être quelqu'un de très conscient.

Si vous vivez dans le présent et éprouvez de la reconnaissance pour tout ce qui existe sur cette terre et pour tout ce que vous êtes, vous serez capable d'apprivoiser votre ego.

À la fin du chapitre sur l'estime de soi, vous trouverez l'exercice que nous avons intitulé « Journal de remerciements ». Cet exercice est très efficace lorsqu'on veut réduire le pouvoir de l'ego.

Dès que vous aurez appris à vivre davantage dans le PRÉSENT, vous pourrez dire adieu à votre ego pernicieux. Pour atteindre la paix intérieure et abandonner la chasse aux petits stimulants, vous devez d'abord vous débarrasser de votre ego et mettre un frein à vos pensées. Vous n'y arriverez qu'en consacrant plus de temps au PRÉSENT.

Lorsque vous vous identifiez à votre ego, votre valeur dépend d'accomplissements extérieurs à vous-même.

Présenter des excuses à quelqu'un ne signifie pas toujours qu'on est dans l'erreur et que l'autre a raison. Cela veut simplement dire que l'on accorde plus de valeur à la relation qu'à l'ego.

Anonyme

L'ANGOISSE DE L'ATTENTE

L'angoisse de l'attente apparaît lorsqu'on se met en tête qu'un événement décevant, inquiétant ou horrible va se produire. La vérité est que la réalité n'est jamais aussi épouvantable qu'on l'imagine.

Soyez attentif à ces moments où vous vous dites que quelque chose de terrible va arriver et, plus tard, comparez vos craintes à ce qui s'est réellement passé. Vous constaterez que vos peurs sont des fantasmes qui n'ont rien à voir avec la réalité.

Soyez honnête : à quelle fréquence réagissez-vous de cette manière ? Laissez-vous votre anxiété prendre le dessus, vous empêchant ainsi de vivre sereinement votre vie ? Tous ces « Et si ? » vous rongent-ils au point que vous en oubliez vos rêves ?

Combien d'expériences excitantes avez-vous manquées à cause de cette attitude ?

> ***Mats décide de ne pas accepter une invitation de voyage :***
> *J'ai été invité un jour à passer un week-end à Paris : un cadeau de mon employeur. Le budget de notre entreprise était parfaitement équilibré, nous avions le droit d'être récompensés pour notre travail acharné. Hélas, à cette époque, j'étais sous le joug d'une peur et d'une anxiété intenses, et la seule idée d'être assis dans un avion me semblait impossible. Aussitôt que l'offre de voyage m'a été faite, des pensées négatives m'ont envahi : et si l'avion s'écrasait ? Et si je mourais ? Et si, arrivé à Paris, je devais partager ma chambre avec quelqu'un que je ne connaissais pas très bien ? Et si je ne pouvais pas fermer l'œil ? Et si je me*

perdais dans cette grande ville et me faisais rouer de coups par un voleur ? Et si j'avais une crise de panique et ne pouvais me rendre dans un hôpital ?

Je voulais pourtant visiter cette ville que je ne connaissais pas. Mais en raison de toutes ces pensées négatives, j'ai refusé l'offre. Quand mes collègues sont revenus et m'ont raconté leur merveilleux voyage, je me suis senti encore plus mal.

Susan fait une montagne d'une souris :
Il m'est arrivé aussi de laisser mon imagination me jouer des tours. Nous venions tout juste d'emménager dans un nouveau quartier. Un jour, dans un terrain de stationnement, j'ai heurté accidentellement la portière de la voiture de mon voisin avec ma propre portière. Pendant une journée et demie, j'ai imaginé des scènes horribles mettant en scène mon voisin en colère. Je me disais que j'avais rayé sa portière, et peut-être pire que cela, et j'avais peur qu'il soit furieux et s'en prenne à moi.

Plus tard, j'ai revu mon voisin dans le même terrain de stationnement et lui ai raconté ce qui s'était passé. Il m'a répondu qu'il ne l'avait même pas remarqué. Il n'y avait ni égratignure, ni coup sur sa voiture, juste un peu de peinture éraflée. Il m'a remerciée pour mon honnêteté et nous en sommes restés là. Je m'étais fait du souci pendant un jour et demi, imaginant les choses terribles qui allaient m'arriver. Tout cela pour rien ! Quel gaspillage d'énergie !

Ce sont là des exemples classiques de notre capacité d'imaginer le pire, surtout lorsque nous souffrons d'anxiété. Cette anxiété monte en nous et nous imaginons alors une foule de « Et si » négatifs, qui font monter notre adrénaline. Lorsque l'adrénaline s'amasse dans notre organisme, nous devenons de plus en plus inquiets et anxieux.

Les « Et si », négatifs aussi bien que positifs, sont l'expression d'une anticipation. Les premiers nous remplissent d'anxiété, les autres de plaisir. Nous sommes libres de choisir quel genre de sentiments nous voulons susciter.

Il est facile de cultiver les pensées négatives, mais cela est loin d'être salutaire. Ce qui l'est, par contre, c'est de diriger nos pensées vers le positif. Il suffit simplement de changer nos habitudes.

Exercez-vous à répéter des « Et si » à la fois positifs et réalistes.

> **D'abord et avant tout, attendez-vous à ce que le meilleur vous arrive.**
>
> **Nido Qubein**

LE STRESS : UNE MALADIE HUMAINE

Il y a quelques années, l'auteure et journaliste suédoise Anita Goldman écrivait ce qui suit :

> *Nous ne parlons même plus de « signaux d'alarme », nous parlons d'une épidémie. Nous parlons d'une civilisation en proie à une crise profonde. Nous avons créé une société dans laquelle nous ne nous sentons pas bien. Ni les enfants dans les garderies, ni les résidents solitaires des maisons de retraite, ni ces femmes qui symbolisent nos fabuleux progrès : ces jeunes femmes très instruites et pourvues d'excellents salaires qui doivent harmoniser carrière et éducation des enfants. Elles n'harmonisent pas, elles s'effondrent. Est-il vraiment possible de réparer tout cela en procédant seulement à de modestes changements sur les lieux de travail, en permettant aux femmes de travailler à temps partiel, en améliorant les services offerts par les garderies ? Je pense que la crise est trop profonde pour se contenter de ces solutions. Et je ne crois pas qu'il soit possible que nous nous accommodions plus longtemps de cette société que nous avons créée !*

Le stress néfaste est une maladie qui peut frapper n'importe qui. Peu importe que vous soyez riche ou pauvre, jeune ou vieux, homme ou femme, employé ou sans emploi.

Nous vivons dans le bourdonnement incessant des machines et des appareils électroniques ; nous faisons rarement l'expérience du silence. Avec sa découverte, l'électricité nous a donné la possibilité de choisir à quel moment nous voulons être en éveil. Nous avons considérablement allongé nos heures de veille – ce qui nous prive de repos et de relaxation.

Nos ancêtres se réveillaient avec le soleil et se couchaient lorsque la lumière du jour disparaissait et qu'ils ne pouvaient plus rien voir. Nous ne voulons pas dire par là que le passé était meilleur, mais que nous pouvons apprendre énormément de ce passé, y compris des savoir-faire qui se sont perdus sur l'autoroute du développement industriel. Une grande partie de ces habiletés sont des extensions naturelles de notre biologie. Nos organismes fonctionnent de la même manière que ceux de nos ancêtres.

Nos comportements ont changé, mais notre cerveau est toujours le même !

Anita Goldman poursuit son discours avec un élément qui mérite toute notre attention :

> *[...] Notre cerveau n'a pas été conçu pour négocier avec la somme d'informations qui déferlent sur lui. [...] nous étions destinés à vivre dans la savane, où nous pouvions affronter nos émotions et nos sentiments en paix et en toute quiétude.*

Un stress chronique peut déséquilibrer tous nos systèmes corporels. Notre corps nous envoie des signaux biologiques qui nous indiquent que quelque chose ne va pas, mais notre intellect ignore souvent ces signaux.

QU'EST-CE QUE LE STRESS ?

Le stress est ce qui précède un épuisement physique extrême. L'adrénaline et le cortisol, considérés comme les hormones du « combat ou de la fuite », sont abondamment sécrétés par notre organisme. L'instinct de « combat » ou de « fuite » fait partie de notre nature depuis aussi longtemps que les êtres humains sont sur cette terre. Cet instinct nous dit soit de fuir, soit de nous battre.

STRESS DE NIVEAU 1

Le niveau d'adrénaline, la tension artérielle et une augmentation du taux de sucre dans le sang sont les prémices de ce « combat ou fuite ».

L'hormone « repos et digestion » de notre organisme – l'ocytocine – continue à agir normalement. Une fois la menace disparue, nous pourrons revenir sans problème à un état de relaxation. Notre corps puise dans ses réserves d'énergie afin de libérer la plus grande quantité d'énergie possible, ce qui nous rend stressés. Nous avons alors besoin de nous dépenser physiquement afin de nous débarrasser de cet excès d'énergie. Le stress nous projette dans l'action. Nous nous sentons stimulés et avons plaisir à accomplir une tâche physiquement exigeante.

STRESS DE NIVEAU 2

Notre taux de cortisol et notre niveau d'adrénaline montent en flèche. Le cortisol atteint nos réserves de graisse, qui s'épuisent, tout comme nos protéines musculaires. Quand nous consommons des protéines musculaires, notre corps peut stocker de la graisse abdominale. Lorsque le cortisol dépasse un certain niveau, notre taux de sérotonine baisse, ce qui déclenche dépression et anxiété. Quand le taux de cortisol est élevé, l'énergie corporelle ne se consacre plus qu'à la survie physique. L'ocytocine, l'hormone de la relaxation, décroît. Les hormones sexuelles décroissent également, ce qui porte atteinte à nos pulsions sexuelles.

Nous restons souvent aveugles à ce lien entre nos problèmes physiques – ulcères, maux de tête, insomnie – et notre niveau de stress. Nous restons aveugles aux signaux d'alarme et aux sentiments d'impuissance et d'inutilité qui surviennent alors. Tout cela peut déclencher une irritabilité qui va nous pousser à entrer en conflit avec notre entourage. Nous sommes anxieux, inquiets – sans savoir pourquoi.

STRESS DE NIVEAU 3

Nos hormones du stress ont été sollicitées pendant si longtemps que nous avons l'impression que nous pourrions nous effondrer subitement. Nos glandes surrénales, incapables de maîtriser la production de cortisol dans notre organisme, cessent d'agir. Cette paralysie est cause de problèmes d'humeur, de sommeil, de mémoire. Nous sommes alors à risque de contracter une maladie grave. La production d'hormones sexuelles, d'ocytocine, et d'autres hormones antistress se réduit. Nous donnons des signes d'épuisement, notre travail et notre vie familiale nous semblent dénués de sens, l'avenir nous fait peur. Lorsque nous sommes dans cet état, nous pouvons nous éloigner de notre famille et de nos amis. Nous perdons contact avec nous-mêmes. Nous sommes submergés par nos obligations et il nous est difficile d'écouter les autres. Nous avons même des pertes de mémoire. Nous sommes parfois écrasés par l'anxiété. Nous perdons confiance en nous-mêmes et cessons d'accorder de l'importance à ce qui a toujours compté pour nous. Nous sommes frappés par une implacable dépression.

ÉPUISEMENT DES SURRÉNALES

L'épuisement des surrénales a trait à un état dû au stress chronique. Les glandes surrénales cessent de fonctionner normalement, ce qui se manifeste par différents symptômes physiques et psychologiques. Les symptômes les plus courants sont une extrême fatigue qu'aucun repos ne peut éradiquer, des défaillances de la mémoire, de la nervosité et de l'anxiété, des palpitations et de l'insomnie. Il faut noter que l'épuisement des surrénales ne survient pas subitement, il s'aggrave petit à petit, sur une longue période de temps, et les symptômes peuvent passer inaperçus. Puis un jour tout se dégrade et la maladie frappe, souvent grave. Le diagnostic de l'épuisement des surrénales peut être posé lorsque plusieurs symptômes de stress se sont prolongés pendant une période d'au moins six mois.

COMMENT IDENTIFIER LE STRESS

Il est important que vous identifiiez les sources de votre stress et que vous leur accordiez la plus grande attention. Si vous le faites, vous pourrez éviter ou réduire vos symptômes.

Il existe bien sûr des sources de stress contre lesquelles vous ne pourrez lutter. Ce que vous pourrez changer, par contre, c'est votre réaction devant ce problème.

Vous pouvez réagir de telle manière que vous augmenterez votre stress, votre anxiété, vos maux de tête, vos insomnies, vos ulcères, votre tension artérielle, vos maux de dos, votre difficulté de concentration, votre dépression et votre manque d'estime de soi. Appelons cela : « réagir négativement ». Cela dépend de vous.

Quoi ? M'accuser, moi ?

> *Lorsque nous étions au plus bas, il nous arrivait de nous parler sur un ton sec – en tant que couple et en tant qu'individus. Notre corps nous envoyait constamment une*

foule de signaux d'alarme, mais nous les ignorions. Nous étions toujours fatigués, nous ne nous sentions jamais frais et dispos. Nous étions irrités, nous nous querellions pour des riens, et il nous était impossible de nous concentrer. Tout notre temps était dévoré par un flux incessant de projets et d'obligations, mais nous étions incapables de les mener à bonne fin. Nous accusions tout et tous, à l'exception de nous-mêmes. Nous n'avions jamais le courage de nous dire que nous étions la cause de nos problèmes et que nous étions entièrement responsables de notre situation.

Bosse Angelöw, psychologue social à l'université de Växjö, a prononcé ces sages paroles :

Nous sommes, dès l'enfance, conditionnés à être influencés par nos problèmes. Notre éducation nous apprend à résoudre ces problèmes, à cultiver un bon jugement critique et à être à l'affût des dilemmes à résoudre. Nous nous concentrons sur tout ce qui est négatif dans notre travail – conflits et désaccords. Nous ne mettons pas l'accent sur le positif – nous ne savons même pas comment le faire. Si nous pensions plutôt, à la fin de la journée, à tout ce qui va bien au lieu de nous appesantir sur ce qui ne va pas, nous nous sentirions si bien qu'il n'y aurait plus en nous aucun espace pour le stress. Que nous pensions à notre emploi, à notre famille ou à nos loisirs, nous devons nous efforcer d'analyser ce qu'ils nous apportent de positif, en contradiction avec le négatif. C'est grâce à cette approche que nous pourrons améliorer notre existence. Cet état d'esprit élargira nos pensées et nous remplira d'énergie et de positivité plutôt que de stress.

Un grand nombre de gens se mettent en état de stress pour gagner l'argent qui va leur permettre de se détendre.

Otto Ludwig

SORTIE DE ROUTE

Nous avons lu ce texte dans un journal à propos d'un artiste suédois célèbre sur le point de s'effondrer. Il était intitulé : « J'ai presque eu une dépression massive, mais aujourd'hui j'ai appris à fonctionner sur le pilote automatique. » Lorsque vous vous sentez stressé, le comportement le plus dangereux à adopter est d'ignorer les signaux que vous envoie votre corps. « Fonctionner sur le pilote automatique » est souvent la première étape vers l'effondrement total.

> ***Susan ne prêtait plus attention aux signaux d'alarme :***
> *Pendant un grand nombre d'années, j'ai eu l'habitude de fonctionner sur le pilote automatique. Les problèmes s'empilaient autour de moi, je me contentais de les repousser. Après un certain temps, je suis même arrivée à écarter les questions importantes. Depuis mon jeune âge, je souffrais en silence, convaincue que je n'étais bonne à rien, ne me sentant jamais comprise. J'avais un tas d'amis, personne ne me harcelait, mais je me sentais ignorée. Lorsque je regarde en arrière, je me rends compte que j'avais vraiment besoin de quelqu'un à qui parler, quelqu'un qui m'écoute réellement. Je n'avais personne pour valider mes sentiments, personne pour répondre à mes questions. J'avais besoin que quelqu'un me dise que ce que je ressentais était normal, naturel, que les autres avaient les mêmes émotions. Mais j'étais privée de ce réconfort. Alors je me suis repliée sur moi-même. J'ai flotté sur le flux et le reflux de la vie, je me suis laissé pousser par tous les courants qui passaient. Je ne dirigeais rien dans ma vie.*
>
> *Quelques années plus tard, Mats et moi étions tous les deux au plus mal. J'étais malade, mais je me contentais de faire*

taire mes émotions. Mais qui d'autre que moi allait prendre soin de notre fille et de notre maison ? Refusant d'admettre que j'avais un problème de santé, je restais figée dans le déni. Je savais que tout finirait mal si Mats et moi tombions en pièces en même temps, alors j'ai puisé dans mes dernières réserves. Bien sûr, il y avait des moments où j'avais l'impression que j'allais craquer : je paniquais, je me sentais totalement impuissante. Une tension constante me tenaillait, j'avais un mal de dos chronique, mes muscles étaient douloureux, mais j'ignorais délibérément tout cela, je m'inclinais. Je ne dormais plus. J'étais entraînée dans une spirale descendante jusqu'au fin fond de la dépression. Mon corps me criait de m'arrêter, de faire ne fût-ce qu'une pause, de respirer, mais comment l'aurais-je pu ? Il fallait que je continue, comme mon père me l'avait appris. La relaxation viendrait peut-être dans une autre vie ! J'avais cessé d'écouter mon corps et oublié comment on se sent quand on est bien dans sa peau. Je me disais tout simplement que la vie était comme ça.

Mats avait peur des psychologues :
Dans les pires moments, ce dont j'aurais eu besoin, c'était de parler à quelqu'un. Mais comme Susan, je m'étais déjà replié sur moi-même. Je ne donnais plus la priorité à ma guérison. Au lieu de cela, je me focalisais sur l'immense stress dû à notre situation financière et à l'importance de celle-ci pour notre entreprise. Mon calendrier était surchargé de rendez-vous quotidiens ; je devais être partout à la fois. Chaque fois que je rayais une tâche de ma liste de choses à faire, une autre prenait sa place. Comme mon travail n'était jamais terminé, je n'arrêtais jamais. Il m'est devenu de plus en plus difficile de donner la priorité à certaines tâches, de penser clairement, de m'imposer des limites et de dire non. Tout comme Susan, je me sentais totalement impuissant. Je dormais mal, j'avais un ulcère à l'estomac, un mal de dos lancinant, et j'étais sous le joug d'une forte anxiété.

Je sentais bien que je ne pouvais pas continuer à vivre comme ça, mais je ne voyais pas où trouver de l'aide. L'idée de parler à un psychologue était hors de question, je me disais que seuls les gens gravement atteints mentalement en avaient besoin.

À la salle de gym, j'ai entendu quelqu'un parler de Stig Sjöde, un coach mental suédois bien connu. Il me paraissait sans danger et susceptible de me venir en aide. Je l'ai contacté et, très vite, nous avons abordé les problèmes que j'avais eus dans l'enfance. Je lui ai raconté des secrets que je n'avais jamais révélés à personne. Finalement, le simple fait de partager mon fardeau a été incroyablement libérateur. Stig m'a appris quelques exercices qui m'ont permis de me détendre, et j'ai commencé à me sentir moins stressé. Puis il a réussi à me convaincre que mon attitude envers moi-même et envers la vie était à la base de mes problèmes. Il m'a également conseillé d'aller voir un psychologue cognitif.

Ma relation avec Susan était devenue très tendue. Il nous était très difficile de communiquer, nous ne nous comprenions plus. Un jour, Stig nous a invités à venir ensemble chez lui, où nous avons fait la connaissance d'Eva, sa femme. C'était merveilleux de nous trouver ainsi devant des étrangers « miroir », et de pouvoir interpréter ce que nous nous disions de telle manière que cela nous permettait de mieux nous comprendre. Je pensais qu'il était absolument nécessaire que nous discutions de nos problèmes avec un autre couple. Rétrospectivement, il est clair que nos malentendus avaient beaucoup à voir avec nos rôles masculin et féminin respectifs.

Nous sommes convaincus que ces conversations avec Eva et Stig nous ont permis d'éviter le pire. Nous avons appris combien il est important d'écouter l'autre, de lui ménager un espace pour réfléchir, de faire des concessions. Nous étions les seuls capables de nous transformer, c'est ce dont nous avions besoin pour que notre relation redevienne harmonieuse.

VOUS N'ÊTES PAS SEUL

Ce qui est fâcheux quand on se met sur le pilote automatique, c'est que l'on cesse d'être conscient de son mal-être. Lorsque vous êtes totalement engagé dans une tâche, vous n'êtes plus concentré sur votre personne. Vous ne voyez plus dans quelle situation difficile vous vous trouvez – ni combien vos proches en souffrent. Lorsque arrivent les vacances, ou même un simple week-end, vous restez survolté, et quand votre cerveau a finalement la possibilité de faire une pause et de réfléchir, vous vous sentez vide, vous avez mal à la tête ou à l'estomac, ou une sensation d'épuisement, ou vous devenez une proie pour le rhume ou la grippe. Puis le lundi arrive et vous vous remettez sur le pilote automatique. Vous avez appris à le faire chaque fois que vous avez besoin d'énergie. Vous ignorez vos douleurs, vos soucis, vous réprimez vos pensées concernant vos problèmes et vous vous concentrez uniquement sur votre travail. Le seul élément qui peut vous arrêter, à ce moment-là, est une maladie qui vous envoie directement au lit ou à l'hôpital.

Vous n'hésitez pas à courir chez le dentiste quand vous avez mal aux dents, vous n'avez pas honte quand le garagiste garde votre voiture pour la réparer, mais aussitôt que vous vous sentez mentalement diminué, vous avez peur et vous avez honte de demander de l'aide. N'attendez pas jusqu'à ce que vous n'ayez plus le choix – appelez à l'aide tout de suite, appelez avant qu'il ne soit trop tard. Il est certes important de parler à votre partenaire, mais il ou elle ne remplacera jamais un thérapeute professionnel.

Plusieurs facteurs peuvent déclencher un stress grave. En voici des exemples :

- Nous voulons que les autres nous considèrent comme une personne forte et invulnérable.
- Nous avons été élevés pour devenir productifs.
- Nous ne parlons pas de nos problèmes. Nous pensons que les autres s'en tirent très bien avec les leurs et que nous devons faire de même.
- Nous ne voulons pas devenir un fardeau pour nos proches.
- Il nous est immensément difficile d'appeler à l'aide.

Imaginez un instant que « vous n'ayez pas » à faire quoi que ce soit.

Vous n'êtes pas seul.

Il est humain d'appeler à l'aide.

Vous pouvez changer votre situation.

Et vous pouvez TOUJOURS trouver de l'aide !

ÇA COMMENCE QUAND ON EST JEUNE

Souvent, les exigences que nous faisons peser sur nous ont commencé à s'insinuer dans notre esprit durant nos jeunes années. Enfants, nous n'avions pas toujours l'impression d'être aimés pour nous-mêmes, mais en fonction de nos actes – comme aider dans les tâches ménagères, ou avoir de bons résultats scolaires. Adultes, nous remplissons nos agendas de tâches diverses parce que nous voulons satisfaire le besoin le plus important de tout être humain : être aimé, reconnu, apprécié – ce qui est aussi important pour nous que nos performances. Nous avons appris très tôt que nos accomplissements allaient nous apporter de l'amour !

Nous sommes habiles à satisfaire nos obligations et nos devoirs envers nous-mêmes et envers nos enfants. Nous préparons les repas quand nous avons faim, nous nous couchons quand nous sommes fatigués, nous allons voir le médecin quand nous sommes malades. Par contre, nous oublions souvent nos besoins intérieurs, comme être reconnus et validés pour ce que nous sommes, ou être remarqués par notre entourage, ou être tout simplement heureux.

LES ENFANTS GRANDISSENT SI VITE !

Soudain, votre adolescent boutonneux arrive à la maison pour vous présenter sa petite amie, et vous vous demandez où est passé le petit garçon à sa maman. Au lieu de vous précipiter dans tous les sens pour essayer de lui faire plaisir, contentez-vous d'être avec lui !

Ce qui est le plus important pour vos enfants n'est pas ce que vous possédez, mais *qui* vous êtes.

Pour qu'ils se sentent bien dans leur peau, ils ont besoin de vous entendre dire qu'ils sont fantastiques, exceptionnels, à des moments où ils ne s'y attendent pas, et cela sans que vous teniez compte de leurs accomplissements.

- Je t'aime !
- Je suis fier de toi !
- Je t'écoute.
- C'est ta responsabilité.
- Tu as tout ce qu'il faut pour réussir.
- Je te pardonne !
- Je suis désolée !

Nous voulons que nos enfants apprennent à aimer, à être responsables et à être heureux. La meilleure manière de leur enseigner ces notions de base est d'être nous-mêmes de bons modèles.

Soyez le type de personne que vous souhaitez que votre enfant devienne !

LE REFUS DE GRANDIR

De nos jours, beaucoup de gens refusent de grandir. Pourquoi le voudraient-ils alors que nous rendons la vie d'adulte aussi misérable ? Nous sommes fatigués, notre situation financière est loin d'être brillante, nous sommes constamment occupés, les responsabilités nous submergent.

Est-ce que nous nous disons parfois qu'il est merveilleux d'être adultes, d'avoir la possibilité de ressentir cette sensation de liberté qui accompagne nos propres prises de décision ?

Nous devons réfléchir sérieusement aux messages que nous envoyons à nos enfants à propos de l'âge adulte. Nous avons la responsabilité de leur donner envie de grandir et de devenir adultes.

Il est essentiel que nous soyons totalement honnêtes avec nos enfants, et que nous partagions avec eux nos sentiments et nos opinions. Nous devons leur montrer que nous leur faisons confiance et qu'ils peuvent nous rendre la pareille. Nous devons leur parler des moments ou des événements qui nous rendent joyeux, et de ceux qui nous attristent. Les enfants ont une faculté de compréhension beaucoup plus grande que ne le pensent les adultes, et ils préfèrent comprendre leur entourage que de rester dans l'incertitude. Leurs perspectives d'avenir sont vastes, ils peuvent même trouver des solutions dont nous, adultes, n'avons pas idée. Nous ne devons pas leur donner trop de responsabilités, bien sûr, mais ils doivent se sentir libres de nous faire part de leurs opinions.

Il est plus facile de former des enfants forts que de réparer des adultes brisés.

Frederick Douglass

Nous ne pouvons garder nos enfants sous notre aile. La vie est merveilleuse, magique, joyeuse et surprenante, mais elle peut aussi être douloureuse, misérable, décevante et triste. Le secret, c'est de trouver un équilibre. Si nous voulons trouver un véritable bonheur, nous devons aussi apprendre ce qu'est la tristesse.

Les parents sont les enseignants de leurs enfants, mais les parents sont aussi des gens qui ont leurs propres problèmes, leurs forces et leurs faiblesses.

Essayez de pardonner à vos parents les erreurs qu'ils ont pu faire, acceptez votre enfance pour ce qu'elle a été. Aucun être humain sain ne blesse intentionnellement ses enfants.

ACCEPTEZ L'ÉDUCATION QUI VOUS A ÉTÉ DONNÉE

Les gens qui souffrent d'anxiété ont souvent des points communs dans leur enfance et leur éducation.

Quelques exemples de circonstances et d'éléments que vous NE POUVEZ PAS changer :

- Des parents qui avaient des attentes irréalistes.
- Une absence de félicitations, d'approbation et d'encouragements.
- Un divorce ou une mort dans la famille.
- Des tensions dans la famille.
- De l'alcoolisme dans la famille.
- La responsabilité qu'on vous a imposée de vous occuper de vos frères et sœurs, et même de vos parents.
- Un environnement oppressant.
- Des membres de la famille qui n'exprimaient ni leurs sentiments ni leurs émotions.
- Des membres de la famille qui avaient des réactions exagérées.
- L'impression que vous deviez constamment faire vos preuves.
- Un foyer où régnait l'instabilité provoquée par de nombreux conflits cachés.

Une histoire de Susan :
Je me souviens de ce jour, quand j'avais 12 ans, où après être allée chez mon petit ami je suis revenue à la maison avec une heure de retard. Mon père m'attendait devant la porte. Il était tellement en colère que j'ai cru voir de la vapeur lui sortir des oreilles ! Il criait, tempêtait, mais ne me demandait pas pourquoi j'étais en retard. Je me sentais incomprise, mal aimée, seule. Je ne me rappelle pas si ma mère est intervenue pendant cette scène. Elle avait probablement trop peur d'entrer elle-même en conflit avec mon père. Ma punition a consisté à être privée de sortie pendant une semaine.

C'est un de ces petits événements désagréables qui ont coloré ma façon de voir mon père pendant toute mon existence. Quand il s'inquiétait, il réagissait toujours avec colère et agressivité. S'il avait partagé ses soucis avec moi, nous nous serions beaucoup mieux compris. Mais il ne m'a jamais dit comment il se sentait. Et mes parents m'ont rarement demandé comment je me sentais, moi.

Ou bien vous repoussez votre passé, ou bien vous en tirez des leçons.

Anonyme

Certains traits caractéristiques de votre personnalité sont souvent une conséquence d'événements survenus dans votre enfance.

Quelques exemples de ce que vous pouvez tout à fait changer :

- Une estime de soi chancelante.
- Le perfectionnisme.
- La nervosité.
- L'habitude de vous sentir responsable de tout ce qui arrive.
- Des attentes irréalistes.
- Une anxiété englobant toute prise de décision.
- Des pensées obsessionnelles.

Vous pouvez aussi changer, si vous êtes :

- Trop sensible à la critique.
- Trop critique.
- Facilement atteint par les problèmes des autres.
- Constamment inquiet de ce que l'on pense de vous.
- Constamment inquiet car vous croyez avoir une grave maladie.
- Effrayé par l'avenir (peur du lendemain). Vous demandant constamment : « Et si cette chose épouvantable m'arrivait ? »

Accordez à vos parents toute la bienveillance (et le pardon) que vous souhaitez que vos propres enfants vous accordent.

Gunilla Haglundh

Pendant toute notre existence, des gens nous disent qui nous sommes. Vous est-il déjà arrivé de vous dire que vous n'êtes peut-être pas vraiment vous-même ?

Acceptez d'être responsable de votre propre vie !

Peut-être n'aimez-vous pas la personnalité que votre entourage vous prête. N'y pensez plus et dites-vous : « Je veux découvrir qui je veux être ! »

Décider de ce que vous voulez être – et le devenir – est le défi le plus important et le plus excitant que vous puissiez vous donner.

Un enfant abusé ne cesse pas d'aimer ses parents. Il cesse de s'aimer lui-même.

Jesper Juul, thérapeute familial

LE STRESS DE L'ENFANT ET DE L'ADOLESCENT

Nous sommes, nous les adultes, responsables du stress qui accable nos enfants, et nous sommes les seuls qui pouvons les aider à l'affronter.

Il y a onze ans, Peter Währborg, professeur et chercheur spécialisé dans la problématique du stress, a émis un avertissement à propos de l'impact du stress sur les jeunes enfants. Dans le journal *Aftonbladet*, il a écrit :

> *Dans dix ans, cette génération va assister à une explosion de maladies. L'athérosclérose, les diabètes de type 2 et l'obésité frapperont beaucoup de jeunes adultes.*

Hélas, Peter Währborg avait raison : c'est là où nous en sommes aujourd'hui. Lorsqu'il a fait ces prédictions, nous n'étions technologiquement connectés qu'à demi par rapport à ce qu'il en est aujourd'hui. Où en serons-nous dans dix autres années ?

NOUS VOULONS CE QU'IL Y A DE MIEUX POUR NOS ENFANTS

Nous veillons, nous les parents, au développement de nos enfants. Nous stimulons autant que possible leur développement.

Nos enfants fréquentent souvent des garderies et des écoles surpeuplées. Nous tenons à ce qu'ils participent à des activités, comme la danse, les sports d'équipe, les leçons de violon ou les cours de poterie. Un grand nombre de parents ne savent pas vraiment ce qui se passe dans la vie de leurs enfants après que ces derniers ont franchi la porte de l'école.

En raison de tous ces cours et de toutes ces activités, de lourdes exigences pèsent sur nos enfants. Ils se retrouvent devant leurs enseignants et leurs pairs avec toutes leurs attentes et leurs frustrations exprimées ou secrètes. Souvent, ce sont les non-dits qui sont les plus difficiles à affronter.

Chaque jour, les enfants doivent accomplir des actions qui les stressent – ces actions qu'on appelle les agents stresseurs. Nous ne pouvons les protéger totalement du stress, mais nous pouvons en parler avec eux, leur apprendre à l'affronter, ou tenter de le prévenir. Nous devons nous efforcer d'être de bons modèles dans cette lutte difficile.

Les enfants ont besoin d'identifier le stress.

Les enfants sont plus vulnérables au stress que les adultes, car leur cerveau traverse une étape majeure de développement. Leur corps étant également plus sensible, leur stress peut déboucher sur des maladies physiques ou mentales – comme c'est le cas chez les adultes.

Le stress est une réaction à de trop grandes exigences physiques, émotionnelles et intellectuelles.

Un grand nombre de parents sont prêts à faire l'impossible pour leurs enfants – sauf les laisser être eux-mêmes !

Banksy

LES CAUSES DU STRESS CHEZ L'ENFANT ET L'ADOLESCENT

Chaque enfant est unique et réagit à sa manière aux situations pénibles. Voici quelques exemples de situations qui, lorsqu'elles se télescopent, provoquent parfois un stress chez l'enfant aussi bien que chez l'adolescent :

- Des exigences trop élevées : on leur demande d'apprendre des choses pour lesquelles ils n'ont ni la maturité physique, ni la maturité psychologique.

- La mort d'une personne aimée.
- La séparation des parents, ou un remariage.
- Des parents qui voyagent et travaillent beaucoup.
- Des parents sans emploi.
- Le fait de ne pas être compris ou de ne pas comprendre.
- Un membre ou plusieurs membres de la fratrie qui quittent la maison.
- Des conflits dans le foyer.
- Le fait qu'on ne le laisse jamais seul avec un adulte.
- Le manque de temps pour lui-même, ou d'espace où il peut être seul.
- Des difficultés scolaires, des menaces de violence à l'école, du harcèlement, des conflits avec les enseignants.
- Une garderie ou une école trop grande et surpeuplée, trop de professeurs remplaçants.
- Un déménagement dans une autre ville.
- Le fait qu'on ne lui permette pas de donner son avis lors de prises de décisions qui ont des conséquences sur toute la famille.
- Un éloignement par rapport à ses parents, par exemple un séjour dans un camp d'été ou un voyage scolaire.
- Trop d'activités (hyperstimulation), ou trop peu (sous-stimulation).
- La mort ou la perte d'un animal familier.
- La puberté.
- Un environnement trop bruyant.
- Un trop grand nombre d'heures devant la télévision, l'ordinateur, le téléphone cellulaire.

La présence de seulement un ou deux de ces facteurs de stress n'est habituellement pas dommageable, ni physiquement ni psychologiquement.

Malheureusement, les enfants d'aujourd'hui sont souvent exposés à un trop grand nombre de facteurs de stress à la fois.

Nous, les adultes, devons prêter une attention sérieuse à ce qui se passe dans la vie de nos enfants, ainsi qu'aux sentiments et aux émotions qu'ils ressentent.

DES ACTIVITÉS AU DÉTRIMENT DU REPOS ET DE LA RÉFLEXION

Notre société nous dit que lorsque nous ne sommes pas en activité, nous sommes paresseux et improductifs. Ce jugement peut affecter notre besoin de prendre des pauses et de nous détendre.

Il arrive que des enfants qui fréquentent encore la garderie aient deux (ou plus) activités parascolaires par semaine ! Les pauvres petits n'ont pas le temps de réfléchir à tout ce qu'ils ont vécu pendant la journée. Ils auraient besoin pour cela de paix et de tranquillité. Quand apprendrons-nous à nos enfants que les moments de paix et de calme sont aussi importants que les activités ?

C'est durant ces moments de repos et de relaxation que leur curiosité est stimulée. Ils peuvent alors penser par eux-mêmes et devenir des individus à part entière. Malheureusement, beaucoup d'enfants d'aujourd'hui sont constamment engagés dans l'une ou l'autre activité structurée. Ils ne savent quoi faire d'eux-mêmes quand ils ont un peu de temps à eux : la paix et la tranquillité les rendent agités, et même inquiets.

Il arrive que nous ne puissions supporter les plaintes et les récriminations de nos enfants quand ils n'ont rien à faire et s'ennuient. Alors, pour avoir la paix, nous les installons devant un film, leur ordinateur, ou un jeu quelconque. Et pourtant, si nous lui en donnions le temps et la possibilité, notre enfant serait sans doute capable de créer sa propre activité – une démarche qui stimulerait son développement.

Nous devons, nous les adultes, donner un peu de temps au temps.

Notre Elsa :
Elsa, que nous accueillons dans notre foyer en tant que famille de soutien, passe chaque week-end avec nous. Le vendredi après-midi, elle sonne à notre porte, extrêmement fatiguée et agitée. Elle veut que quelque chose se passe aussitôt qu'elle entre dans la maison. Mais pour nous, le vendredi après-midi est une plage de temps paisible et tranquille qui nous permet d'oublier les tracas de la semaine. Nous préparons le repas ensemble. Si nous laissons faire Elsa, soit elle décide de nous aider dans la cuisine, soit elle se retire dans sa chambre. Il arrive parfois que nous devions attendre jusqu'au dimanche soir pour la voir détendue !

Bien que nous soyons, nous les adultes, des gens stressés, il nous est difficile d'accepter que nos enfants le soient aussi !

LES INDICATEURS DE STRESS CHEZ L'ENFANT ET L'ADOLESCENT

Vous trouverez ci-dessous une liste des signes de stress les plus courants chez l'enfant et l'adolescent. Si vous remarquez, chez votre enfant, plusieurs de ces comportements, à l'occasion ou pendant une courte période, dites-vous qu'il souffre peut-être d'un stress grave :

- Il présente des changements de tempérament. Devient plus introverti, plus susceptible, ou agressif.
- Son sommeil est difficile, il fait des cauchemars.
- Il est agité et a des difficultés de concentration.
- Il fait des visites fréquentes à la toilette.
- Il ne veut jamais être seul, ou le contraire.
- Il passe énormément de temps devant l'ordinateur et la télévision. Il semble accro au téléphone cellulaire.
- Il a des maux de tête ou d'estomac.
- Il est victime d'étourderies, de perte de conscience du temps qui passe.

- Il fait l'école buissonnière.
- Il prend de la drogue.
- Il est perfectionniste.
- Il grince des dents, bégaie.
- Il se maltraite lui-même, ou les autres, ou les animaux.
- Il pratique le harcèlement. Utilise un langage grossier et humilie les autres.
- Il brise des objets.
- Il présente une perte d'appétit.
- Dans des moments difficiles ou agités, il met les mains sur les oreilles, comme pour se protéger.
- Il se mord les joues, les lèvres et les doigts assez fort pour y laisser des marques.

Enfants et adolescents peuvent aussi avoir des réactions physiques au stress psychologique – ce que l'on appelle des symptômes psychosomatiques. Par exemple :

- Maux d'estomac, vomissements, diarrhée ou constipation.
- Eczéma.
- Céphalées provoquées par la tension nerveuse, douleurs dans le cou, dans le dos et les épaules.
- Asthme.
- Ulcères buccaux et autres blessures aux gencives.
- Tics nerveux.

UNE GROSSE RESPONSABILITÉ

Quand nous adoptons un chiot, nous assistons avec lui à des cours de dressage et nous mettons ensuite à profit ce que nous avons appris afin de l'élever correctement.

Lorsque nous tombons enceinte, nous lisons tout ce qu'il nous est possible de lire sur le développement des bébés, et nous continuons après la naissance de l'enfant. Pourquoi ne maintenons-nous pas cette curiosité pendant son développement en tant qu'enfant et adolescent? Pourquoi ne continuons-nous pas à nous informer sur ce dont notre enfant, puis notre adolescent, a besoin?

> ***Être un parent actif:***
> *Une foule de possibilités nous sont offertes pour améliorer nos habiletés en tant que parents, par exemple des cours ou des ouvrages spécialisés. Personnellement, nous avons été invités à assister à un de ces cours et nous en sommes infiniment reconnaissants. Il s'agissait d'une classe de «parentage actif», que nous recommandons chaudement. Nous en sommes sortis avec une meilleure connaissance du type de parents que nous étions, et munis de conseils précieux et d'idées pour changer ce que nous désirions modifier dans notre façon d'agir.*
>
> *Parfois, notre immense responsabilité envers notre fille Julia nous effraie encore. Nous voulons qu'elle devienne une femme indépendante, empathique, libre d'esprit et capable de vivre pleinement.*

De nos jours, un grand nombre d'adultes se sentent mal à l'aise pour une foule de raisons. Leurs enfants voient bien que quelque chose ne tourne pas rond, et ils ont tendance à penser qu'ils en sont peut-être la cause. Si vous faites partie de ces parents qui ne se sentent pas bien, il est préférable d'en discuter avec vos enfants afin que ces derniers ne s'imaginent pas qu'ils sont la cause de votre état. Les enfants sont généralement sages et compréhensifs, mais il ne faut pas les laisser dans l'incertitude ou dans l'ignorance. C'est un fardeau que vous ne pouvez pas faire peser sur leurs épaules.

Ne jamais accuser un enfant de votre mal-être!

> *Un enfant que l'on critique apprend à juger,*
> *Un enfant qui est battu apprend à se battre,*
> *Un enfant qui est humilié se replie sur lui-même,*
> *Un enfant dont on se moque se sent coupable.*

Mais...
Un enfant qui reçoit des encouragements apprend
la confiance en soi,
Un enfant à qui l'on apprend la tolérance apprend
la patience,
Un enfant qui est félicité apprend à apprécier,
Un enfant que l'on traite avec droiture apprend à être juste,
Un enfant qui vit dans l'amitié apprend à être gentil,
Un enfant qui se sent en sécurité apprend à faire confiance,
Un enfant qui est aimé avec tendresse apprend à se sentir
aimé par le monde entier.

Extrait du livre suédois Une vie sans frontières, d'Annastina Vrethammar

COMMENT PRÉVENIR LE STRESS CHEZ L'ENFANT ET CHEZ L'ADOLESCENT

Vous vous demandez sans doute quoi faire pour protéger le mieux possible votre enfant ou votre adolescent du stress. D'abord, il faut savoir que le stress est contagieux. La première étape à franchir est donc de vous efforcer de vous sentir bien vous-même. Cela peut sembler égoïste, mais si vous êtes en paix avec vous-même, il vous sera plus facile de détecter ce qui ne va pas chez votre enfant, ensuite de l'écouter et d'être sensible et présent à ses besoins. Votre enfant fait ce que vous faites, non ce que vous dites. Si vous stressez, il stressera aussi.

PASSEZ LE PLUS DE TEMPS POSSIBLE AVEC VOTRE ENFANT

Si vous avez plusieurs enfants, efforcez-vous de bien diviser votre temps afin de passer un moment avec chacun d'eux. Si vous êtes deux parents avec plusieurs enfants, il est important que chacun d'entre vous passe du temps, seul à seul, avec chaque enfant. Ne vous sentez pas obligé de trouver des activités, contentez-vous simplement d'être bien ensemble.

LES GESTES D'AFFECTION SONT IMPORTANTS

Un contact physique affectueux permet aux enfants de se sentir détendus et en sécurité. Lors d'un massage ou d'un geste tendre, notre corps libère de l'ocytocine, l'hormone qui dispose au repos et à une bonne digestion. L'ocytocine fait baisser nos pulsations et notre pression artérielle, ce qui améliore la digestion, augmente notre tolérance à la douleur et renforce notre système immunitaire. Il arrive cependant que certains enfants n'aiment pas les gestes physiques d'affection. Si c'est le cas, il est important de respecter leur volonté. Si votre enfant refuse un geste tendre, ne vous sentez pas repoussé, soyez fier au contraire de sa capacité de fixer des limites et de verbaliser ses besoins.

ÉCOUTEZ VOTRE ENFANT

Un grand nombre d'enfants et d'adolescents ont de gros problèmes parce qu'ils n'ont pas d'adultes à qui parler. Il est possible aussi qu'ils n'aient pas, auprès d'eux, un adulte à qui ils font suffisamment confiance pour se confier. Ces enfants ressentent parfois le simple besoin de parler à quelqu'un qui les écoute.

N'HÉSITEZ PAS À DIRE À VOTRE ENFANT CE QUE VOUS PENSEZ ET CE QUE VOUS RESSENTEZ

Confiez vos sentiments à vos enfants, qu'ils soient agréables, frustrants, contrariants, aimants, etc. Cette confiance renforcera le lien qui vous unit. Si vous vous autorisez à être vulnérable, sincère et honnête avec votre enfant, il apprendra à vous traiter de la même manière. Acceptez et validez tous ses sentiments. Permettez-lui d'être triste, en colère, déçu... N'essayez surtout pas de contrer ses sentiments parce que vous vous sentez mal à l'aise.

RECHERCHEZ DES ACTIVITÉS CONVENANT À L'ÂGE ET AUX DISPOSITIONS DE VOTRE ENFANT

Il existe une foule d'ouvrages sur le développement des enfants. Prenez le temps de vous informer sur le sujet afin d'être en mesure de prendre des décisions concernant les activités auxquelles votre enfant va participer. Il n'est pas toujours aisé de découvrir ce qui convient à un jeune. Ce n'est pas parce qu'on a mis un enfant au monde que l'on devient instantanément un expert en matière de comportement et de développement juvéniles, mais on peut au moins faire l'effort nécessaire pour en savoir davantage. N'hésitez pas à parler à un pédiatre, il vous indiquera des titres de livres à lire, ou vous conseillera d'autres ressources. N'oubliez pas que ce que veut l'enfant n'est pas nécessairement ce dont il a besoin.

LAISSEZ VOTRE ENFANT S'ENNUYER DE TEMPS EN TEMPS

Efforcez-vous de mettre un frein aux plaintes et aux revendications de votre enfant quand il s'ennuie ou ne sait quoi faire. Il est bon qu'il dispose de temps pour réfléchir. C'est justement dans ces moments de vide que sa créativité et son imagination peuvent apparaître. Tôt ou tard, il inventera son propre jeu ou sa propre activité.

SOYEZ ATTENTIF

Consacrez chaque jour un peu de temps à examiner le comportement de votre enfant. Essayez de vous représenter ses différents rythmes de vie, la manière avec laquelle il réagit à des situations diverses. Vous détecterez ainsi plus facilement les moments où quelque chose d'intéressant ou d'alarmant se passe.

CRÉEZ DES ROUTINES

Les enfants se sentent bien dans ce qui leur est familier. La répétition leur procure un sentiment de sécurité. Parfois, les parents craignent que leur enfant ne s'ennuie parce que leurs activités et leurs habitudes les ennuient eux-mêmes. Les enfants aiment les moments de gaieté et les traditions qui rassemblent la famille. Une fois qu'ils atteignent la puberté, ils rompent souvent avec ces traditions, mais leur souvenir reste en eux comme autant de moments agréables.

AIDEZ VOTRE ENFANT À FIXER DES LIMITES

Les enfants éprouvent souvent de grandes difficultés à se voir imposer des limites, surtout lorsqu'il est question de télévision, de téléphone cellulaire, d'ordinateur, de l'heure du coucher ou de la disposition de leurs jouets. Même s'ils protestent devant les limites que vous avez établies, ils en ont besoin et en bénéficient.

Selon Teija Nuutinen, du Centre de recherches sur la santé de Helsinki, en Finlande, les enfants d'âge scolaire ne devraient pas disposer de plus de deux heures d'écran par jour.

> ***Julia avait besoin d'aide pour oser dire non :***
> *Quand notre fille Julia avait six ans, elle avait quelques amies qui vivaient non loin de chez nous. Si nous le lui avions permis, elle aurait pu jouer avec elles pendant*

24 heures d'affilée ! Nous avons compris qu'elle devait apprendre à dire non à ses petites compagnes. Quant à nous, nous disions à ces dernières que Julia devait aussi passer du temps avec nous à la maison. Julia protestait parfois, mais après un moment elle admettait que ça l'amusait d'être avec nous. Nous ne faisions rien de particulièrement fantaisiste, non, nous discutions, écoutions de la musique, jouions à un jeu. Plus tard, elle nous disait parfois qu'elle n'avait pas réellement envie d'aller jouer avec ses amies.

LES ENFANTS ET L'ANXIÉTÉ

Si vous êtes un parent qui souffre d'anxiété, il est important que vous soyez attentif aux signes d'anxiété que peut envoyer votre enfant. Il pourrait avoir hérité de ce trouble.

Quelques exemples de symptômes d'anxiété chez l'enfant :

L'enfant fait montre d'une peur hors de proportion :

- de l'abandon,
- d'une maladie grave,
- de la critique,
- de commettre une erreur et d'être embarrassé,
- de ne pas se sentir à sa place,
- des microbes.

L'anxiété chez l'enfant peut parfois se manifester comme :

- une difficulté de concentration,
- une hyperactivité,
- une nervosité excessive,
- un manque de confiance en soi.

Un grand nombre d'enfants connaissent des versions atténuées de ces comportements sans pour autant souffrir d'anxiété. C'est seulement lorsque ces derniers apparaissent sous une forme intense et se combinent à d'autres comportements que l'on peut soupçonner un cas préoccupant.

Si vous avez l'impression que votre enfant souffre d'anxiété, contactez immédiatement un médecin qui pourra vous référer à un bon psychologue ou à un thérapeute de l'enfance.

> ***L'angoisse de séparation :***
> *Une de nos amies avait une fille de huit ans qui avait un comportement marqué par l'inquiétude et qui souffrait d'une angoisse de séparation. Elle voulait toujours savoir où ses parents se trouvaient. Son père ne pouvait pas sortir la poubelle sans qu'elle veuille savoir où il allait. Elle s'inquiétait parce qu'elle avait peur de ne pas se comporter adéquatement, elle s'efforçait d'être parfaite. Ses pinces à cheveux devaient être bien placées et ses vêtements impeccablement repassés. Elle se croyait incapable de participer à des activités nouvelles. Ses parents essayaient bien de l'encourager, mais elle avait tellement peur de se tromper qu'elle n'essayait même pas. Ils ont finalement appelé à l'aide un thérapeute de l'enfance. Aujourd'hui, les problèmes de la petite fille ne sont plus qu'un souvenir.*

Nous espérons que la lecture de ce chapitre ne vous a pas plongé dans la culpabilité, et que vous n'avez pas l'impression d'être un mauvais parent. Vous avez peut-être trouvé ce chapitre déprimant et trop exigeant. Soyez rassuré : nous vous avons donné les conseils et les idées qui vont enfin vous permettre de vous lancer dans l'action.

Faites un pas à la fois – vous le pouvez !

> **Faites aujourd'hui une action dont votre futur moi vous remerciera !**
>
> **Anonyme**

L'ESTIME DE SOI

Les pensées négatives et hypercritiques qui portent atteinte à l'estime de soi peuvent survenir dès la petite enfance.

Des circonstances et des événements malheureux mènent parfois à un sentiment de rejet et d'inadéquation.

Vous avez rarement été félicité, ou vous avez été puni injustement, ou critiqué, ou même maltraité. Vous en êtes alors arrivé à la conclusion que vous ne valiez rien, que vous étiez stupide, insignifiant, inadéquat.

Ces pensées vous ont amené, entre autres, à vous considérer comme un être sans valeur et sans importance. Vous n'osez pas dire ce que vous pensez parce que vous craignez d'être moqué, rejeté – ou parce que vous croyez que tout ce qui vient de vous devrait être parfait. Chaque fois que vous êtes rejeté, que vous échouez dans un projet, que vous perdez le contrôle, la fâcheuse conclusion « je ne vaux rien » réapparaît dans toute son ampleur.

Tôt ou tard, vous développez une terrible anxiété, une anxiété accompagnée d'habitudes et de manies qui vous empêchent d'avancer. Vous évitez les conflits, vous êtes exagérément prudent, toujours sur le point d'abandonner. Bref, vous avez peur de tout, et surtout d'agir.

Vous êtes convaincu que toutes ces craintes prouvent que « vous aviez raison ». Vous avez des pensées de plus en plus critiques à votre égard, vous vous dévaluez, vous vous dites : « Je suis inadéquat », ou « Je suis une mauvaise personne », ou « Je suis stupide », ou le fameux « Je ne vaux rien ». Le cycle infernal se poursuit et finit par vous conduire à la dépression.

Beaucoup d'enfants et d'adultes luttent contre une pauvre estime de soi. Quand nous ne croyons pas à notre valeur, nous avons tendance à rechercher l'appréciation des autres. Nous allons même jusqu'à essayer de confirmer cette valeur avec des possessions matérielles.

> **On ne voit pas toujours, de l'extérieur, comment on se sent à l'intérieur.**
>
> **Anonyme**

Quand notre estime de soi augmente, nous acceptons plus facilement les erreurs des autres, et il nous est plus facile de travailler avec eux. Nous commençons à nous aimer davantage, nous sommes plus satisfaits de nos accomplissements, nous cessons de nous critiquer.

Une bonne estime de soi donne du courage. Nous ne craignons plus de prendre une place plus importante dans n'importe quelle situation, nous osons dire ce que nous pensons, nous prenons des décisions et nouons des liens avec les autres. Les gens qui ont une haute estime de soi permettent aux autres de s'élever, tout en sachant, eux, rester humbles. Ils font volontiers de l'espace à tous ceux qui veulent être entendus.

Pour augmenter votre estime de soi, vous devez non seulement être satisfait de ce que vous faites, mais heureux de ce que vous êtes. Quand nous osons nous donner le défi d'accomplir des choses que nous n'avons jamais faites ou que nous avons toujours craint de faire, notre confiance s'épanouit.

Pour augmenter votre estime de soi, vous devez commencer par vous traiter différemment et traiter les autres avec une meilleure compréhension.

L'opinion que vous avez de vous-même est beaucoup plus importante que ce que les autres pensent de vous !

Quand vous vous concentrez sur les aspects positifs de votre vie, vous devenez plus optimiste et vous répandez une énergie positive autour de vous. En retour, vous recevez l'énergie positive de votre entourage.

Cela demande de la pratique, certes, mais il est tout à fait possible de devenir plus positif et de changer son mode de pensée.

Essayez de fréquenter des personnes qui vous inspirent, vous soutiennent, vous souhaitent ce qu'il y a de mieux.

Entourez-vous d'affirmations et de messages positifs.

Écrivez-vous des petits mots positifs et collez-les sur votre réfrigérateur, votre miroir, votre ordinateur, là où vous êtes certain de les voir quotidiennement.

Voici un bon exercice qui devrait devenir une habitude.

Chaque soir, tenez ce que vous pouvez appeler un « Journal de remerciements ».

Placez un carnet de notes sur votre table de nuit. Chaque soir, avant de vous endormir, décrivez trois moments pour lesquels vous éprouvez de la reconnaissance. Vous pouvez puiser dans votre journée, ou parler de la vie en général. Vous pouvez également décrire un aspect de vous-même que vous aimez, ou d'une personne que vous appréciez.

L'INQUIÉTUDE

Un homme de 85 ans qui venait d'apprendre qu'il mourrait bientôt a déclaré ceci : « Si je pouvais revivre ma vie, j'aurais davantage de vrais problèmes et beaucoup moins de problèmes imaginaires. »

Des recherches démontrent que les gens qui ont une vie « normale » se font du souci pendant à peu près vingt heures par semaine. Il est donc raisonnable de penser que les personnes qui souffrent d'un stress grave s'inquiètent deux fois plus longtemps ! À présent, imaginez que vous utilisez toutes ces heures à vivre dans l'ici et maintenant, ou à travailler sur un projet d'avenir.

Un grand nombre d'anxieux sont hypocondriaques. Ils vivent dans la peur d'avoir une maladie incurable.

Lorsque vous vous tracassez à propos de l'avenir, essayez ce qui suit : demandez-vous plusieurs fois s'il est vraisemblable que votre scénario catastrophe se produise. Est-il réaliste de croire que cela puisse arriver ?

Vous finirez par vous rendre compte que presque tout ce que vous redoutiez ne s'est jamais produit.

Demandez-vous ceci, à haute et intelligible voix : « Pourquoi devrais-je me faire du souci à propos d'une chose qui ne m'est jamais arrivée ? »

> ***Mats nous confie son histoire de peur :***
> *J'ai souvent eu peur que quelque chose arrive à Susan ou à Julia, surtout à Susan, qui faisait parfois de longs voyages*

en avion. J'imaginais d'horribles scènes d'accident d'avion, ou d'autoroute, avec des voitures écrabouillées. Je me demandais dans quel état nous serions après sa mort. Je n'arrivais plus à me concentrer, j'étais en morceaux. La confusion s'emparait de mon esprit et mon anxiété ne faisait qu'augmenter.

Aujourd'hui, je ne gaspille plus mon temps en spéculations. Quand je me fais du souci, je me demande aussitôt si mes craintes sont réalistes. Non. Elles ne le sont pas ! Mes peurs peuvent-elles influencer les situations dans lesquelles se trouve Susan ? Absolument pas.

Parfois, je me fais du souci à propos de ma santé. Si mon inquiétude semble réaliste, je n'hésite pas à aller voir le médecin pour lui demander de faire les examens qui s'imposent. Si ces derniers prouvent que mes inquiétudes étaient justifiées, je me remercie d'avoir pris les dispositions nécessaires à temps. Mais en général, je sais d'avance que la probabilité que l'on me trouve une maladie cachée est très mince !

COMMENT VOUS DÉBARRASSER D'UNE ANXIÉTÉ IRRÉALISTE ?

Chaque soir, consacrez dix minutes (de 20 h 50 à 21 h, par exemple) à un moment que vous pourriez appeler : « Je me fais du souci. » Lorsque vous commencez à vous inquiéter à propos d'une chose ou d'une autre pendant la journée, cessez immédiatement d'y penser, mais promettez-vous d'y revenir à 20 h 50. Pas avant. Vous constaterez qu'une fois ce moment arrivé, 90 % de vos soucis auront disparu !

Pour les soucis qui ne veulent pas s'effacer, agissez d'une façon constructive :

- Décrivez par écrit ce qui vous inquiète.
- Notez les mesures que vous comptez prendre pour éliminer ou minimiser le problème.

- Précisez à quel moment vous prendrez ces mesures.
- Assurez-vous de mener ce projet à bonne fin.

Une autre méthode efficace : « La rivière ».

Imaginez que vous êtes assis devant un ruisseau ou une rivière. De jolies feuilles d'érable atterrissent sur l'eau et sont emportées par le courant. Imaginez que vous déposez vos soucis et votre anxiété sur les feuilles, et laissez-les disparaître dans le lointain.

> **Ne vous faites du souci que si cela peut vous aider.**
> **Anonyme**

L'ANXIÉTÉ

Commençons ce chapitre sur une note positive.

L'anxiété laisse souvent présager des traits positifs et des capacités chez la personne qui en souffre. Vous êtes peut-être plus intelligent que la moyenne des gens et extrêmement créatif, et pourvu d'une imagination très vive. Ce sont là de merveilleuses qualités ! Des recherches démontrent que lorsqu'on utilise ces qualités à bon escient, on peut être de bons parents, de bons partenaires, de bons conjoints, etc.

Malheureusement, les personnes qui souffrent d'anxiété ont tendance à utiliser la puissance de leur cerveau et leur créativité pour se rendre littéralement malades de peur. Elles analysent tout et se servent de leur imagination débordante pour créer de terribles désastres.

Quand nous laissons notre inquiétude et notre anxiété prendre le dessus, nous passons au crible nos moindres petites actions.

Notre vie est alors submergée par une série de tests et d'épreuves, au lieu d'être une aventure exaltante. Certaines personnes se sont tellement habituées à leur inquiétude et à leur anxiété qu'elles acceptent que ces idées noires fassent partie de leur existence. C'est pourtant en luttant contre elles et en les surmontant qu'elles découvrent le temps, les forces et l'énergie qu'elles ont gaspillés pour des chimères.

Chaque fois que nous nous trouvons face à des situations stressantes ou tendues, notre inquiétude et notre anxiété nous plongent dans le malaise et l'inconfort.

Les gens qui subissent de l'anxiété souffrent souvent de ce qui suit :

- pensées effrayantes et incontrôlables,
- sentiments déprimants,
- forts maux de tête,
- transpiration,
- palpitations,
- sentiment d'impuissance,
- profonde fatigue allant jusqu'à l'épuisement,
- panique,
- tensions musculaires,
- sentiment de nullité.

Ces symptômes d'anxiété peuvent aussi les amener à adopter une attitude défensive se traduisant par de l'agressivité ou de la suspicion.

> ***La peur de la mort :***
> *Henrik, trente ans, était économiste dans une grosse société suédoise. Il avait été marié pendant quatre ans et avait un petit garçon de deux ans. Personne ne se doutait que Henrik se faisait souvent du souci au sujet de la mort. Un jour, il a senti une douleur aiguë dans la poitrine. Certain d'avoir une crise cardiaque, il s'est précipité à l'hôpital. Les médecins n'ont rien trouvé d'inquiétant. Le scénario s'est répété plusieurs fois au cours des six mois suivants. Henrik pensait qu'il avait une maladie incurable. Lorsqu'il ressentait une légère douleur dans le dos, il était mort de peur et se disait qu'il avait sûrement le cancer. Après quelques épisodes de maux de tête, il s'est mis à paniquer, convaincu qu'il avait une tumeur au cerveau. Pour alléger son anxiété, il a commencé à boire de plus en plus d'alcool. Jusqu'au jour où il a enfin admis qu'il avait besoin d'une aide professionnelle. Henrik souffrait d'une forme aiguë d'anxiété.*

Dans notre pays, la Suède, trois personnes sur quatre ont souffert d'un trouble psychologique, personnellement ou en subissant celui d'un proche.

Ce problème est si courant qu'il frappe la majorité des gens ! Les troubles psychologiques sont la raison pour laquelle tant de personnes sont en congé de maladie. En dépit de cette situation, très peu de gens parlent ouvertement de leurs problèmes. Ce silence se prolonge parfois si longtemps qu'il finit par être trop tard pour qu'ils puissent bénéficier d'une aide psychologique.

QU'EST-CE QUE L'ANXIÉTÉ ?

L'anxiété est un trouble émotionnel, un état mental caractérisé par de forts sentiments de peur, d'inquiétude et de nervosité, qui peuvent parfois provenir d'un réel danger, mais qui se manifestent plus souvent en raison de menaces imaginaires. Le problème est que le cerveau ne fait pas la différence entre les menaces réelles et les imaginaires. Le corps réagit de la même manière aux unes et aux autres. Cette réaction est appelée « combat ou fuite ». Chaque fois que nous imaginons qu'une terrible catastrophe pourrait se produire, cette réaction de « combat ou fuite » provoque une libération d'adrénaline et d'anxiété.

Notre inquiétude et notre anxiété proviennent de nos pensées, pas de notre entourage, ni de notre environnement. Les problèmes surviennent quand nous cultivons des pensées négatives sur le passé et que nous nous inquiétons pour l'avenir.

Nous commettons l'erreur de croire tout ce que nous racontent nos pensées négatives.

> ***L'anxiété de Mats :***
> *J'ai souffert d'une terrible anxiété pendant une grande partie de mon existence. À sept ans, j'ai commencé à imaginer que d'horribles catastrophes allaient se produire. J'avais toujours l'impression que quelque chose d'affreux se préparait. Je n'ai compris que je souffrais d'anxiété que lorsque j'ai franchi ma vingt-cinquième année. Ce fut un tel soulagement de pouvoir enfin mettre un nom sur ces sentiments qui me torturaient ! J'ai appris que l'anxiété n'était pas une maladie incurable, que je pouvais la contrôler et même m'en débarrasser. J'ai constaté que mon anxiété m'avait volé une partie de mon*

énergie et avait nui à mes activités, alors je me suis préparé à faire le travail nécessaire pour la maîtriser. Ce fut la meilleure décision de toute ma vie.

Trois étapes importantes pour mettre fin à la peur et à l'anxiété :

- Apprendre à reconnaître les mécanismes qui sous-tendent la peur et l'anxiété.
- Apprendre des techniques efficaces pour changer le mode de pensée, le comportement, les réactions émotionnelles et la façon d'agir.
- Pratiquer ces nouvelles habiletés en accomplissant des choses qui rendaient, auparavant, mal à l'aise.

LISTE DE DÉCISIONS À PRENDRE POUR AFFRONTER L'ANXIÉTÉ :

- Demandez-vous s'il est vraisemblable que vos scénarios d'anxiété se matérialisent un jour.
- Essayez de considérer la situation de façon réaliste.
- Servez-vous de faits réels pour contrer vos prédictions.
- Utilisez toutes les informations possibles, y compris les positives.
- Considérez tous vos « Et si ? » comme des fantasmes, non comme des faits.

Une anxiété grave peut être difficile à surmonter sans aide. Nous vous recommandons de contacter un médecin ou un professionnel et de discuter avec lui de ce que vous ressentez.

Si vous décidez de prendre une médication, associez-la à une thérapie du comportement avec un psychologue ou un thérapeute.

L'inquiétude est une perte de temps. La seule chose que l'inquiétude et l'anxiété puissent faire, c'est vous dérober votre possibilité d'être heureux et vous éloigner du présent.

Mats Billmark

LA CULPABILITÉ

Les personnes qui se sentent coupables gaspillent temps et énergie à s'appesantir sur le passé.

Certaines d'entre elles peuvent aussi se sentir coupables à propos de leur vie quotidienne. Par exemple :

- Elles ne passent pas assez de temps avec leurs enfants, leur conjoint(e), leurs amis, leurs parents.
- Leur alimentation laisse à désirer ; elles ne font pas assez d'exercice.

Nous aimerions être aimables, serviables, et d'un grand soutien pour nos proches, mais il nous resterait alors bien peu de temps pour nous. Supposons que nous nous occupions de l'ensemble de notre entourage et que nous nous fassions passer en dernier. Cela pourrait nous amener à ressentir du mépris, du dédain envers notre personne dans la mesure où nous aurions honte d'être incapables de dire non et de poser des limites. Ou alors nous nous sentirions coupables et sans cœur, ce qui nous déprimerait, nous irriterait, nous mettrait en colère.

Nous pouvons aussi nous sentir coupables à propos de faits qui se sont produits au cours de notre enfance ou de notre adolescence – des faits en lien avec une famille déchirée, une séparation, un abus, ou d'autres événements dramatiques.

> ***Une histoire de culpabilité :***
> *Une femme nous a contactés pour nous dire que depuis des années elle se sentait coupable de ne pas aimer ses parents. Elle n'avait pas eu une très bonne relation avec eux pendant*

son enfance et son adolescence. Ils ne parlaient jamais de sentiments, d'émotions, et ni son père ni sa mère ne lui ont jamais demandé comment elle se sentait ni ce qu'elle pensait. Elle avait à peine la sensation d'exister – sans idéal et sans objectif. Elle ne recevait jamais d'encouragements, de félicitations, de soutien, quoi qu'elle fasse. Les conflits n'étaient jamais résolus, on se contentait de les balayer, de les ignorer. Elle ne pouvait pas parler de ses problèmes avec ses parents, et pendant toute son enfance elle a constamment eu l'impression d'être en faute parce qu'il lui était impossible de leur dire qu'elle les aimait. Elle était désespérée, se disait qu'elle n'était pas normale. Une fois adulte, elle a compris qu'elle n'avait rien à se reprocher. Alors elle a accepté la situation et a pardonné à ses parents. Leur relation est meilleure aujourd'hui, et elle ne se sent plus coupable quand elle est avec eux.

Quand vous pouvez vous pardonner d'avoir commis certaines erreurs dans le passé, vos sentiments de culpabilité disparaissent.

Vous êtes humain, vous avez aussi parfois besoin de penser à vous.

Apprenez à oser dire non.

Laissez-vous de temps en temps aller à la paresse.

Permettez-vous de commettre des erreurs.

Apprenez à poser des limites !

Quelle que soit la cause de vos sentiments de culpabilité, ils sont souvent associés à une pauvre estime de soi. L'estime de soi est la valeur que vous vous accordez en tant que personne.

Apprenez à vous accepter et à vous aimer tel que vous êtes.

Pour vous débarrasser de vos sentiments de culpabilité, ou de colère, vous devez apprendre à vous pardonner et à pardonner aux autres. C'est bien sûr plus facile à dire qu'à faire, mais c'est à cette condition que vous pourrez laisser votre culpabilité derrière vous et aller de l'avant.

> Quand vous pardonnez, ce n'est pas le passé que vous changez, mais l'avenir.
>
> Anonyme

LES ATTENTES ET LES OBLIGATIONS

Êtes-vous souvent déçu de vous-même ou de ceux qui vous entourent ? Les déconvenues marchent main dans la main avec des attentes trop élevées. Nos attentes irréalistes font de notre existence une déception perpétuelle.

Nous nous sentons alors inquiets et stressés.

> *Il nous est arrivé à tous d'être invités à une soirée et d'en ressortir déçus parce qu'elle ne nous a pas apporté le plaisir que nous en escomptions. Cette déception est due au fait que nous avons passé beaucoup trop de temps à nous fabriquer d'avance une idée de la soirée. D'autre part, nous avons déjà eu, comme beaucoup de gens, l'occasion de nous retrouver par hasard dans une soirée qui, elle, nous a paru magnifique. Quand nous construisons des attentes irréalistes, nous nous privons du présent.*
>
> *Quand notre aujourd'hui est gris et fade, nous pensons bien sûr à tous les plaisirs qui nous attendent dans l'avenir, mais cette démarche devient problématique lorsque nous ne visons plus que ce futur. Pourquoi ne pas faire de notre quotidien un moment particulier ? Pourquoi ne pas apprécier les petits riens qui le jalonnent ? Il est si facile de se concentrer sur le présent. Ainsi, nous n'avons plus à échafauder des attentes, et notre aspiration à être ailleurs que dans ce présent décroît et disparaît.*

Lorsque vous vous sentez déprimé à propos d'un fait quelconque, c'est peut-être parce qu'une personne ou un objet n'a pas répondu à vos attentes.

Parfois, certaines choses « vont de travers ». Des projets échouent. Des gens vous déçoivent, ils ne sont pas toujours honnêtes, ils ne vous traitent pas toujours comme vous les traitez, eux. Ils sont parfois injustes.

Vous pouvez choisir de quelle manière réagir à tout cela, et quelle attitude adopter.

> ***L'exemple de Mats :***
> *Quand je me prépare pour une conférence, je peux décider de me tracasser et de stresser. Je peux me dire : « Mats, tu ne peux vraiment pas te permettre de te tromper ; il faut que tu dises ce qui est juste et que tu ne laisses rien de côté. » Je pourrais même faire en sorte d'être si nerveux que je n'arriverais même pas à monter sur le podium ! Mais je peux aussi décider d'avoir une attente réaliste, et me dire : « Tu t'es bien préparé pour cette conférence. Tu vas donner le meilleur de toi-même et je suis sûr que tu seras satisfait parce que tu auras fait de ton mieux. » Vous voyez la différence ? Ce que je ressens varie à chaque prestation ; toutefois quand j'ai des attentes réalistes envers moi-même, je ne suis pas sous pression, mais détendu, et la conférence se passe très bien.*

Nous avons tendance à nous imposer des attentes irréalistes : nous voulons être séduisants et nous sentir merveilleusement à l'aise TOUT LE TEMPS ! C'est inhumain !

PERSONNE n'est séduisant tout le temps.

TOUT LE MONDE se sent parfois mal dans sa peau.

Nous voulons que nos parents et nos conjoints soient fiers de nous, mais il est essentiel que nous comprenions que notre valeur ne dépend pas de nos performances et de nos accomplissements !

Au lieu de vous escrimer à atteindre la perfection, efforcez-vous de vous sentir bien dans votre peau et aussi satisfait de vous qu'il vous est possible de l'être dans ce monde où rien n'est juste ni parfait.

En réduisant vos attentes, en étant plus réaliste et plus satisfait de ce que vous possédez déjà, vous jouirez d'une existence beaucoup plus paisible.

Plus nos attentes sont réalistes, plus forte est la possibilité que nous soyons satisfaits et heureux d'être en accord avec celle ou celui que nous sommes.

> **Nous réfléchissons trop et ne ressentons pas assez.**
> Charlie Chaplin

LE MIEUX-ÊTRE DÉPEND D'UN CHANGEMENT

Pour éviter un stress et une anxiété dommageables, nous devons procéder à des changements. Nous devons modifier nos attentes et réformer nos vieilles valeurs. Nous avons besoin d'avoir une nouvelle compréhension de ce que nous sommes, de notre entourage, et du monde dans lequel nous vivons.

Vous arrive-t-il parfois de penser à toutes ces choses que vous vous sentez obligé de faire ? À ces attentes que vous faites peser sur votre personne ? Vous essayez :

- de devenir un meilleur parent,
- de devenir un meilleur conjoint,
- de passer plus de temps en famille,
- de gagner plus d'argent,
- de reprendre vos études,
- de perdre du poids,
- de changer de métier.

D'où viennent toutes ces obligations et ces promesses ? Certaines, de vos parents, d'autres, de vos amis ou de votre conjoint(e).

Faites une liste de toutes ces tâches que vous « devez » faire. Retirez-en celles qui ne vous concernent pas vraiment. Certains de ces « je dois » sont réalistes, d'autres ne le sont pas. Avez-vous besoin de perdre du poids pour votre santé ou pour contrer les petites piques de votre conjoint(e) ?

Voulez-vous reprendre vos études parce que vous en ressentez vraiment le besoin, ou parce que vos parents n'arrêtent pas de vous dire de « faire quelque chose de vous-même » ? Répondez honnêtement.

Ce que vous devriez faire, c'est transformer ces « je dois » en objectifs réalistes. Et assurez-vous qu'il s'agit bien de choses que vous voulez réellement faire.

Une fois que vous aurez décidé quels « je dois » vous voulez satisfaire – des « je dois » qui vous appartiennent en propre – transformez-les en objectifs. Pensez aux meilleurs moyens d'y parvenir, faites un plan d'attaque, et lancez-vous, demain, dans une heure, dans la première étape.

Rappelez-vous ceci : il n'est jamais trop tard.

On n'est jamais trop vieux.

Tout dépend de la force de votre conviction à propos de ce que vous voulez faire.

Il n'y a pas d'échec !

Le meilleur moyen de manquer la cible est de ne pas viser !

> Vous souvenez-vous de la dernière fois où vous avez fait quelque chose pour la première fois ?
>
> Anonyme

QU'EST-CE QUI EST PARFAIT ?

Nous recherchons aussi en nous cette perfection que nous visons à l'extérieur. Nous voulons la paix intérieure, le bonheur, l'équilibre.

Le problème, c'est que nous sommes prêts à nous battre pour une existence qui, selon nous, doit être parfaite et sans souci. Nous y croyons ferme. Mais il n'est pas facile d'être un être humain et nous rendons parfois les choses beaucoup plus difficiles qu'elles ne devraient l'être !

Un objectif plus réaliste est de faire en sorte que les plages de temps où nous nous sentons en paix, heureux et stables se prolongent et soient de plus en plus fréquentes. C'est à cette condition que notre stress et notre anxiété s'atténueront.

Notre société nous déclare que notre vie doit être parfaite. À défaut de cela, nous vivrons dans l'insatisfaction, et si c'est le cas, il nous sera impossible d'être heureux ! Oublions le mot « parfait », rayons-le de notre vocabulaire. Rien n'est parfait !

Notre perfectionnisme peut nous empêcher d'accomplir certaines tâches. Nous nous disons : « Pourquoi essayer puisque je sais que ce ne sera pas parfait ? »

Notre société nous dit que pour être « dans une bonne moyenne », nous devons être ceci ou cela, que nous devons vivre comme ceci ou comme cela, que nous devons avoir telle ou telle apparence. Ce sont là les idéaux « parfaits » pour lesquels un tas de gens se battent. Nous devons, en tenant compte de notre âge, de notre sexe et de notre travail, être prêts à lutter pour satisfaire à certaines exigences souvent irréalistes.

Il est pénible de voir des enfants ne pas oser poser leur crayon sur la feuille de peur que leur dessin ne soit pas « parfait ». Ils connaissent déjà ce qui est considéré comme « beau » – ce « beau » qu'apprécient ceux qui les entourent.

Il est triste aussi de voir un adolescent s'examiner à la loupe parce qu'un certain idéal lui dit qu'il devrait avoir une apparence plus séduisante. Les adolescents essaient désespérément d'atteindre des idéaux impossibles créés par les médias, par d'autres adultes, ou par la société en général.

Les adultes aussi veulent que tout soit parfait dans leur vie : leurs enfants, leur conjoint(e), leur maison, leurs loisirs doivent constituer la façade parfaite à présenter au monde. Épuisant ! Ils invitent des amis à souper, et avant même de commencer les réjouissances, ils se sentent déjà fatigués !

Personne n'est parfait. Ou alors tout le monde l'est. À vous de choisir !

> ***Des exigences absurdes ?***
> *En voici un exemple typique. Une de nos connaissances nous a décrit une soirée où elle avait invité des amis à souper. Comme d'habitude, elle voulait que la maison et le repas soient parfaits. Une heure avant l'arrivée des invités, le sol du salon était couvert de Lego, les enfants n'avaient pas mis de vêtements propres, et le repas était loin d'être prêt. Debout devant la cuisinière, la mère sentait monter sa tension artérielle, son front était couvert de transpiration et son cœur battait à tout rompre. Une demi-heure plus tard, elle courait dans la salle de bain pour vomir. Le stress et l'épuisement avaient gagné la partie !*

Nous vivons dans l'illusion que tout doit être parfait. Mais qui a vraiment envie de grandir avec des parents et des amis parfaits ? Comment vivre dans un environnement qui ne suscite que des sentiments de frustration et une sensation constante d'inadéquation ? Une vie dans laquelle tout n'est que compétition ?

Lorsque nous essayons de nous conformer à nos propres exigences et à celles de la société, nous avons sans cesse l'impression que nous allons craquer. Vu de l'extérieur, il semble que tout aille bien, mais à l'intérieur un conflit permanent fait rage. Nous nous sentons pourchassés, inadéquats, coupables. Tôt ou tard, notre corps en subit les conséquences : nous nous replions sur nous-mêmes, nous nous sentons mal, nous devenons inquiets et anxieux. Nous sommes accablés par le stress, les maux d'estomac et les maux de tête provoqués par la tension.

« JE ME SENS HORRIBLE, MERCI »

Quand vous demandez à des gens que vous connaissez : « Comment allez-vous ? », vous recevez généralement la même réponse : « Tout va bien. Et vous ? » Si ces personnes vous décrivaient sincèrement comment elles se sentent, vous passeriez sans doute un moment beaucoup plus long avec elles !

Nous partons du principe que chacun fait de son mieux. Mais nous avons tous nos problèmes et nous nous sentirions peut-être soulagés si nous osions en parler. Ayons le courage de montrer nos faiblesses.

En êtes-vous arrivé au point où vous n'avez plus suffisamment d'énergie pour vous préoccuper de vous et des autres ? Manquez-vous à ce point de temps ?

Au lieu de prendre ce temps, vous vous échinez à cacher vos problèmes à la maison, dans vos relations ou au travail.

Les gens ont peur de montrer leur vulnérabilité. Qui aime se lamenter ? Mais parler honnêtement d'une situation personnelle pénible ne veut pas dire que l'on se plaint. Vous devez comprendre vos problèmes, et une partie de cette démarche consiste parfois à en parler à quelqu'un.

> ***Quelques mots sur la vulnérabilité :***
> *Des gens nous demandent souvent comment nous faisons pour être aussi ouverts et confiants. Ils disent que nous sommes courageux. Ils nous demandent si cela ne nous fait pas peur, si nous ne craignons pas que cette ouverture*

d'esprit ne nous joue de vilains tours. Pour nous, il est évident que c'est ainsi qu'il faut être. Lorsque nous écrivons un livre ou donnons une conférence, le fait de raconter des histoires qui nous concernent et résonnent auprès de nos lecteurs ou de notre auditoire est un atout énorme. Nous n'avons jamais pensé à notre ouverture d'esprit comme étant négative. C'est tout le contraire ! Il est très regrettable que beaucoup de gens ne le comprennent pas. Lorsque nous nous ouvrons aux autres et partageons nos expériences, nous recevons en retour une quantité incroyable d'énergie positive.

Susan : J'ai enseigné au secondaire pendant des années. J'ai toujours été franche avec mes élèves, leur parlant de ma famille, de ma vie, de ce que je pensais à propos d'une foule de choses. Je me suis aperçue très vite que mes élèves appréciaient beaucoup cette franchise qui me permettait de me montrer à eux telle que je suis. C'est grâce à cette ouverture d'esprit qu'ils se sentaient en sécurité.

LA VULNÉRABILITÉ EMBELLIT

Brené Brown, professeure et chercheuse en sciences humaines à l'Université de Houston, est l'une des expertes mondiales en matière de vulnérabilité. Ses recherches indiquent que cette dernière est au cœur de la culpabilité, de la honte et de la peur de l'abandon, mais démontrent aussi qu'elle est indispensable pour établir les liens auxquels les êtres humains aspirent.

Les recherches de Brené Brown démontrent que les gens aiment découvrir la vulnérabilité chez leurs semblables. Lorsque nous acceptons d'être vulnérables, nous exposons notre moi authentique, nous nous comprenons les uns les autres et ressentons les effets bénéfiques de cette « parenté » et de ce lien. POURTANT, très peu de personnes acceptent de laisser voir leur vulnérabilité !

Brené Brown explique que les personnes qui acceptent de se montrer les plus vulnérables sont aussi celles qui sont les plus enclines « à ne plus penser à ce qu'elles devraient être ». Au lieu de cela, elles osent être elles-mêmes.

Bien sûr, il est difficile pour ces personnes de s'exposer de cette manière. Mais leur vulnérabilité n'est pas un choix, c'est un besoin. Elles croient que ce qui les rend vulnérables les embellit ! Ces hommes et ces femmes ont des relations stables, authentiques, aimantes ; ils sont capables de se rapprocher des autres sans crainte d'être abandonnés ou rejetés.

TROIS MYTHES SUR LA VULNÉRABILITÉ

La vulnérabilité est une faiblesse. C'est, des trois mythes, le plus dangereux. Avoir le courage d'être soi est une force.

On peut décider de ne pas être vulnérable. Se contenter de ne pas être vulnérable ne donne rien. Quand nous essayons, nous nous isolons, nous nous éloignons des autres. Ce dont nous avons besoin, au contraire, est de nous demander : « Quelle est ma façon de réagir quand je suis vulnérable ? »

La vulnérabilité a une touche « *on* » et « *off* ». Être vulnérable ne signifie pas que l'on expose ses sentiments à tout bout de champ. Chaque fois que l'on essaie d'être plus ouvert avec soi-même et avec les autres, on devient plus courageux. Ces moments exaltants nous encouragent à être plus vulnérables et plus authentiques.

> **Un des défis les plus difficiles à relever est d'être nous-mêmes dans un monde qui essaie de nous amener à être comme tout le monde.**
>
> **Anonyme**

Certaines personnes pensent qu'elles ne sont pas assez bien telles qu'elles sont. Elles ont peur de ce que pourraient dire les autres si elles ne vivaient pas et ne se conduisaient pas « comme il faut ». Mais l'opposé est également vrai. Lorsque nous exposons notre vrai moi, les autres nous aiment davantage. Notre ouverture et notre confiance leur permettent de se reconnaître en nous et de nous rejoindre.

Les êtres humains veulent se reconnaître chez les autres, ils ressentent alors une compréhension et une empathie les uns envers les autres. Ils se sentent bien.

C'est formidable d'être en mesure de toucher et d'émouvoir nos semblables !

Tout le monde aime ressentir de l'émotion !

Nous gaspillons une quantité incroyable de temps et d'énergie à parler de nous dans les médias sociaux ! Ces derniers n'arrêtent pas de nous dire que les autres sont plus privilégiés, plus doués que nous ; ils ont un emploi plus intéressant, des vacances plus excitantes, ils sont plus heureux.

Qui va faire paraître sur la Toile une photo de la casserole qu'il vient de laisser brûler ou du gâteau qui s'est désintégré dans le four ?

Très peu de gens parlent sur Facebook du travail qu'ils n'ont pas ou des vacances qu'ils ne peuvent s'offrir. Ils ne veulent pas être considérés comme des perdants.

Pourquoi sommes-nous convaincus que la vie n'est qu'une compétition ?

> ***Médias sociaux :***
> *Susan et moi avons une page Facebook, un site personnel et un blogue. Bien sûr, nous voulons l'un et l'autre nous montrer positifs et partager des idées qui insufflent de l'énergie et qui soient inspirantes. Nous avons cependant remarqué que lorsque nous faisons part de sujets plus personnels – nos problèmes et nos soucis, par exemple – ou que nous discutons de sujets plus profonds, nous recueillons davantage de commentaires.*

> **Il arrive un moment où l'on se rend compte que l'on ne sera jamais assez bien pour certaines personnes. La question qui se pose alors est la suivante : est-ce mon problème, ou le leur ?**
>
> **Anonyme**

DES PENSÉES SAINES

Les démarches les plus importantes que vous puissiez faire pour mettre fin à votre stress et à votre anxiété consistent, d'abord, à vivre davantage dans l'ici et maintenant, ensuite, à avoir un raisonnement et un discours positifs. Les pensées négatives vous précipitent dans une spirale descendante de stress et d'anxiété. Il est si facile de se critiquer et de s'accuser !

Que vous le reconnaissiez ou pas, votre cerveau ne cesse jamais de penser, et ces pensées influencent votre humeur et vos émotions. Le fait que vous soyez inquiet et stressé provient la plupart du temps de vos pensées négatives et destructrices.

Votre famille et votre éducation ont une énorme influence sur votre mode de pensée. Avez-vous souvent entendu vos parents se quereller ? Les membres de votre famille se plaignaient-ils constamment ? Se montraient-ils insatisfaits de leur existence ?

Quel type de message votre famille vous a-t-elle envoyé ? Comment avez-vous été influencé par le comportement des adultes qui vous entouraient ?

Lorsque nous grandissons entourés de gens qui se disputent, se plaignent, se lamentent, bref, répandent le stress autour d'eux, il nous est difficile d'être confiants et de développer une bonne estime de soi. Mais la bonne nouvelle est qu'il est tout à fait possible de réparer les dégâts une fois que nous arrivons à l'âge adulte.

Il nous est cependant difficile de reconnaître que nos schémas de pensée sont négatifs. Nous faisons tout ce qui est en notre pouvoir pour le nier. Pourtant, une fois que nous admettons que nous avons ces pensées négatives, nous pouvons modifier nos comportements et penser de façon positive.

Les effets d'un tournant mental positif dépasseront toutes vos attentes.

Vous faites-vous souvent du souci ? Avez-vous des pensées destructrices ? Avez-vous tendance à tout analyser ? Êtes-vous insatisfait de votre apparence ?

Quatre-vingt-quinze pour cent de vos pensées négatives sont fausses ! Ce sont de purs fantasmes. Ce sont les pensées positives qui tendent vers l'affirmation de la vie et la consolidation des forces qui sont vraies !

Notre cerveau ne peut faire la différence entre les pensées fantasmatiques et les pensées saines : il croit que chacune d'elles est réelle – ce qui suscite de gros problèmes lorsque ces pensées sont autodestructrices et autodépréciatives. À l'inverse, elles peuvent devenir des outils efficaces quand on les utilise de façon positive.

LES PENSÉES NÉGATIVES – UNE DÉPENDANCE

Les pensées négatives créent une dépendance. Lorsque nous ressentons quelques-uns des effets agréables (à court terme) des pensées négatives, ces dernières peuvent devenir constantes – comme une vieille habitude. Il y a sans doute une forme de plaisir à caresser des pensées négatives – si ce n'était pas le cas, nous ferions en sorte de les repousser ! Quand nous pensons négativement, nous nous refermons sur ce qu'il y a de négatif en nous, ce qui nous amène à parler de façon négative à notre entourage et à nous comporter de la même manière. Nous captons ainsi l'attention des gens qui nous écoutent et nous offrent leur sympathie. Nous faisons appel à leur nature généreuse afin qu'ils nous aident et nous soutiennent au moindre problème.

Un autre effet agréable de ce mode de pensée négatif est de nous débarrasser totalement ou en partie de tâches que nous ne voulons pas accomplir. Comme nos proches sont désolés pour nous et ne veulent pas nous contrarier, soit ils nous aident à accomplir ces tâches, soit ils s'abstiennent tout bonnement de nous demander quoi que ce soit. En bref, nous utilisons nos pensées négatives pour éviter de faire des choses qui nous déplaisent ou que nous n'avons tout simplement pas envie de faire.

Que vous rapportent vos pensées négatives ?

Cette question peut paraître étrange, mais il faut la poser. Se complaire dans des pensées négatives équivaut à avoir une dépendance. Si votre vie est sous le joug du stress et de l'anxiété, vous devez commencer par admettre que vous vous complaisez dans des pensées négatives. C'est seulement alors que vous pourrez faire en sorte de changer ! Rompre avec cette habitude néfaste est une tâche difficile. Comme nous sommes des créatures d'habitude, cela nous demande de gros efforts.

Se complaire dans des pensées négatives équivaut à se maltraiter soi-même.

> **L'herbe n'est pas plus verte de l'autre côté, elle est plus verte quand vous l'arrosez.**
>
> **Anonyme**

COMMENT RECONNAÎTRE UNE PENSÉE NÉGATIVE ?

Cette question vous paraît stupide ? Peut-être êtes-vous persuadé qu'aucune pensée négative ne vous harcèle ? Les points suivants sont des indicateurs qui vous diront si vous vous trompez...

Lorsqu'une personne a des pensées négatives, elle se sent faible. Elle est inquiète, mal dans sa peau. La colère l'habite, elle est stressée, déprimée, amère, effrayée, anxieuse et malade. Ses pensées négatives lui font ressentir de la culpabilité et de la honte. Elle a l'impression d'être seule, laide, mal aimée. Elle ne se sent pas en sécurité.

Si vous ressentez ces émotions, ou une partie, votre cerveau est sans doute « branché » à un mode de pensée négatif. Vous n'êtes pas seul – une foule de gens ont des centaines de pensées négatives par jour.

Si vous souffrez d'une faible estime de vous-même, vous avez tendance à attendre de votre entourage appréciation et approbation. Vous voulez que vos proches vous disent combien vous êtes intéressant, séduisant, attirant.

Voici quelques exemples de comportements que vous pourriez adopter pour modifier votre façon de voir :

- Soyez honnête envers vous-même. Efforcez-vous de comprendre à quel point vos pensées négatives vous nuisent.
- Essayez de vous convaincre que votre mode de pensée négatif est une mauvaise habitude dont vous devez vous défaire.
- Pendant toutes vos heures de veille, utilisez votre énergie pour rompre avec vos schémas de pensée destructeurs.
- Prenez conscience de votre mode de pensée.
- Réconfortez-vous à l'aide d'auto-affirmations et d'encouragements, au lieu de rechercher l'acceptation et l'approbation des autres.

(Ces exemples sont tirés de *Panic to Power*, de Lucinda Bassett.)

Comment savoir si nous avons des pensées saines et positives ?

La pensée positive nous rend forts. Elle nous rend heureux, aimants, séduisants, détendus, équilibrés, courageux, énergiques, motivés. Grâce à elle, nous sommes en sécurité ; nos proches et notre entourage nous apprécient.

Dans leur recherche constante d'approbation, les personnes négatives répandent leur négativité partout. Si vous avez dans votre entourage des individus qui ont des comportements négatifs qui vous épuisent, n'hésitez pas à vous en éloigner et à fréquenter des gens au comportement positif.

N'oubliez pas : la misère n'aime pas seulement la compagnie, elle en a besoin !

Soyez patient avec vous-même. Abandonner de mauvaises habitudes prend du temps. Vos comportements négatifs ont certainement pris des années à se construire. Rompre avec une mauvaise habitude, c'est comme apprendre une nouvelle discipline. Vous avez besoin de temps, de patience et d'endurance pour changer votre mode de pensée. En premier lieu, il faut que vous appreniez comment agissent les schémas de pensée positifs, puis que vous pratiquiez, pratiquiez et pratiquiez encore jusqu'à ce que ce mode de pensée vous devienne naturel.

Soyez conscient de votre mode de pensée ! Il n'est jamais trop tard pour devenir la personne que l'on veut être. Soyez attentif à ce que vous pensez, et réfléchissez à ce sujet à la fin de chaque journée. Un conseil : écrivez le mot « pensée » sur votre main. Cela vous rappellera qu'il est impératif de rester conscient.

C'est seulement lorsqu'on devient conscient de son mode de pensée qu'on peut le changer.

Nous rappelons souvent à Julia qu'elle est un être merveilleux dont nous sommes fiers. Il est important qu'elle entende souvent cette appréciation, même si le compliment n'a rien à voir avec un quelconque accomplissement. Nos paroles la rendent, à différents niveaux, plus solide et plus forte.

Ne vous contentez pas de féliciter votre enfant pour ses réussites, félicitez-le aussi pour son caractère et sa belle personnalité.

Imaginez quelle personne vous seriez devenue si vous aviez reçu encouragements, approbation et félicitations quand vous étiez jeune ! Cela vous aurait épargné tellement de pensées sombres, tellement d'anxiété ! Votre estime de soi aurait bénéficié de ce traitement positif.

Mats a cru longtemps qu'il était un être positif :
Je n'acceptais pas que l'on croie que mes pensées étaient négatives. Il est si facile de se monter la tête et de croire qu'on est tel que l'on veut être. Mais j'ai pris conscience de mon mode de pensée, et j'ai compris que j'étais dans l'erreur. J'ai découvert que mes schémas de pensée négatifs me

rendaient malade. Comment allais-je aider des gens stressés, inquiets, si je continuais à avoir des pensées négatives ? Après trente ans, j'ai finalement décidé d'en finir avec tout ce fatras ! J'ai appris, adulte, que l'on pouvait changer, je suis un vivant exemple de cette réalité ! J'étais totalement brisé par le stress et l'anxiété, je me sentais seul, j'avais honte d'être accablé par mes problèmes. Aujourd'hui, je sais que le changement est indispensable pour devenir fort et vivre dans un corps sain. Mais ce changement doit venir de l'intérieur.

Vous offrir à vous-même des félicitations saines et positives vous permettra de faire un grand pas en avant vers le bien-être. Ces encouragements, ces félicitations qui viennent de l'intérieur renforceront votre estime de soi et votre confiance en vos possibilités. Vous serez plus motivés, vous apprendrez comment rester calme et détendu dans des situations stressantes.

Vous avez tendance à vous focaliser sur le négatif et à balayer d'un geste désinvolte le positif. Essayez plutôt de vous concentrer sur tout ce qui est positif autour de vous. Laissez vagabonder votre esprit sur des souvenirs de bonheur, de joie, d'espoir. Oubliez ce qui est négatif.

Le bonheur que vous avez dans la vie dépend de la qualité de vos pensées.

Bouddha

Les exercices suivants vous aideront à devenir plus conscient du nombre de pensées négatives qui vous rongent :

- Soyez toujours muni d'un carnet pour écrire (ou de votre cellulaire). Chaque fois que vous avez une pensée négative, notez-la. Puis écrivez la pensée positive que vous auriez pu avoir à la place.
- Soyez attentif à remplacer chaque pensée négative par une pensée positive réaliste, une pensée à laquelle vous pouvez croire. Ne fantasmez pas.

Commencez d'abord par noter une des pensées négatives que vous avez eues pendant la journée. Ensuite passez à une par heure, puis à une par demi-heure, et ainsi de suite.

Penser de façon positive et parler positivement aux autres, à vous, et des autres, fera de votre vie une aventure plus profonde !

Prêtez une plus grande attention non seulement à vos pensées, mais à tout ce que disent les gens. Notez les paroles négatives de vos collègues, de vos enfants, de votre conjoint(e), de vos amis. Vous serez sidéré par la quantité de commentaires négatifs qui circulent à longueur de journée.

Vous trouverez ci-dessous une méthode très efficace.

> ***Les expériences de Susan :***
> *Je travaillais avec des adolescents âgés de 15 à 19 ans. Cela m'attristait de voir tous ces jeunes qui avaient une si pauvre estime de soi. Ils ne se faisaient pas confiance ; certains ne s'aimaient pas. Parfois, ils n'étaient même pas conscients de leur attitude ; ils n'avaient aucune considération pour leur entourage, traversaient la vie en traînant les pieds. Il y avait des moments où ils acceptaient de montrer leur personnalité, leur intelligence et leur humour, mais ils avaient beaucoup plus souvent peur d'être eux-mêmes, peur de ne pas être « assez bons ». C'était absurde ! Je me disais qu'il y avait trop peu d'adultes autour d'eux capables de les guider à travers toutes les pressions qu'ils s'imposaient. Nous, les adultes, avons le devoir d'être des modèles. Nous devons nous montrer tels que nous sommes, oser être des individus à part entière, avec honnêteté et authenticité. Nous devons avoir le courage de reconnaître que nous commettons parfois des erreurs, que nous avons le droit d'être tristes, et que nous sommes prêts à monter au créneau quand nous décidons de défendre une idée ou une personne.*
>
> *Les enfants viennent au monde avec une acceptation sans réserve de ce qui est différent, mais cette qualité disparaît quelque peu à l'adolescence. Beaucoup de jeunes n'acceptent pas ce qui est différent chez leurs pairs. Que*

s'est-il passé entre leur enfance et leur adolescence ? Où est passée leur tolérance ? Ont-ils appris de nous, les adultes, à juger et à ridiculiser les autres ? Je pense souvent à ma propre adolescence, où je préférais rechercher l'approbation des autres plutôt que la mienne. Ce que les autres pensaient de moi était terriblement important. J'avais très peu d'estime pour ma personne, je ne prenais jamais d'initiatives. Je recherchais constamment – surtout chez les garçons – la confirmation que j'étais une fille pas mal. Je faisais souvent ce qu'ils me demandaient, y compris passer du temps avec eux – ignorant ainsi mes amies. Plus tard, devenue adulte, j'ai recherché l'appréciation de mes employeurs. J'étais convaincue que ces appréciations – que ce soit celles d'un patron ou d'un petit ami – augmenteraient mon estime de moi. Personne ne m'a jamais dit que j'étais très bien telle que j'étais !

Les expériences de Mats :
En grandissant, j'ai commencé à souffrir d'une inquiétude et d'une anxiété extrêmes. Mon bien-être dépendait de l'appréciation de mon entourage : il fallait que les autres m'affirment que j'étais quelqu'un de bien. Je ressentais un énorme besoin d'être apprécié. Je voulais avoir l'air d'être bien dans ma peau. Je voulais dire ce qu'il fallait au bon moment. Je voulais être un bon frère, un bon fils, un ami fidèle.

Aujourd'hui, Susan et moi sommes très en accord avec nous-mêmes. Nous sommes en mesure de nous soutenir l'un l'autre, et, simultanément, de nous occuper des autres. S'adresser de temps en temps des mots gentils à soi-même est important, il ne s'agit pas là d'égocentrisme. Cette démarche renforce estime et confiance. Nous nous sentons bien, nous osons agir selon nos convictions. Bref, nous jouissons de la vie sans nous sentir coupables !

Il est incroyablement libérateur de cesser de se préoccuper de ce que les autres pensent de nous ou disent à notre propos. Cessez de regarder partout pour y trouver des louanges. **Donnez-les-vous vous-même !**

Les névrosés se servent des yeux des autres pour se regarder ; les gens sains se servent de leurs propres yeux pour regarder le monde.

Fritz Perls

Laissez le stress et l'anxiété derrière vous. Vous pouvez le faire. Vous êtes unique, intéressant, et votre potentiel est immense !

Lorsque vous aurez changé de mode de pensée, la vie vous paraîtra pleine de promesses et de possibilités. Tout est possible, l'échec n'existe pas.

Je ne possède pas tout, mais j'aime tout ce que je possède.

Anonyme

Vous avez certainement remarqué combien il est facile de se laisser entraîner vers le bas par une personne malheureuse, frustrée, en colère. Il est tout aussi facile de se laisser soulever vers le haut par une personne heureuse, passionnée, optimiste.

Votre nouveau comportement positif vous apportera non seulement la joie, mais il l'offrira aussi à ceux qui vous entourent.

Ce chapitre est très important. N'hésitez pas à le relire.

Si vous continuez à penser comme vous avez toujours pensé, vous referez sans cesse les choses que vous avez déjà faites.

Si vous faites ce que vous avez toujours fait, vous ne récolterez que ce que vous avez toujours récolté.

Si vous voulez que votre vie soit différente, commencez par penser différemment.

VOUS ÊTES CE QUE VOUS PENSEZ ÊTRE

Notre amie Linda nous raconte son histoire :
Le 9 septembre 2013 à 8 h 40 du matin (c'était un lundi), tout a explosé autour de nous. C'était comme une bombe, un coup de poing dans le visage, un coup de tonnerre. Mon mari et moi avons entendu un terrible diagnostic : j'avais un cancer du sein. C'était sans doute une grosse tumeur, mon sein droit devait être ôté le jeudi suivant. Je me suis évanouie. Je ne savais pas que j'étais malade, je n'en avais pas la moindre idée. Rien. C'était même l'opposé : j'étais la plus heureuse, la plus vigoureuse des femmes. Et j'étais en bonne santé. Oui, c'est ce que je croyais. Pourtant, ce jour-là, je me suis dit que j'allais bientôt mourir. C'était la fin, jamais je ne survivrais à cette terrible maladie. Mais je ne voulais pas mourir. Mes enfants avaient besoin de leur maman.

Comme l'opération devait avoir lieu aussi rapidement après la découverte de la tumeur, mon mari et moi n'avons pas eu le temps de « digérer un peu » le verdict avant de l'annoncer à nos enfants, qui avaient 4, 10 et 12 ans. Nous étions obligés de leur faire part de la nouvelle le soir même. Lorsque j'ai prononcé les mots fatals, quand je leur ai expliqué que j'avais un cancer du sein et qu'on devait m'opérer, j'ai réalisé que j'avais deux possibilités : ou je me laissais complètement aller, me roulait en boule sur mon lit, les couvertures sur la tête, ou je me fabriquais une armure mentale, aiguisait mon épée, montait sur mon cheval de guerre et me lançait dans la bataille. Une bataille pour vivre – comme Richard Cœur de Lion ! C'est ce que j'ai décidé de faire.

Sans cette décision, je ne serais jamais passée au travers. Je devais gagner la bataille. C'est le choix que j'ai fait à ce moment-là qui m'a sauvé la vie. Je ne dis pas que cela m'a évité de pleurer, de crier, de casser de la vaisselle, de paniquer, de me trouver parfois à bout de souffle ; je ne dis pas non plus que je n'avais pas peur de mourir, non, ce que je veux dire, c'est qu'il faut trouver dans ces moments-là des stratégies intérieures pour parer aux pensées les plus terribles, ces pensées qui vous prennent à la gorge. Je m'appuyais sur une conviction fondamentale : j'allais gagner, le bonheur et la force vitale l'emporteraient. La chimiothérapie et les rayons ont souvent drainé mes forces, mais je considérais cela comme des étapes de la bataille. Je devais traverser ces épreuves pour remporter la victoire. Alors, j'aiguisais à nouveau la lame de mon épée. Le cancer est un dragon, un monstre, il doit être exterminé !

Dans toute situation, on peut décider. On peut décider comment affronter celle-ci de la meilleure manière possible.

Les gens qui voient des problèmes partout créent souvent des problèmes autour d'eux. Par contre, ceux qui voient des solutions créent des possibilités ! Cela ressemble à un cliché, mais rien n'est plus vrai.

Prenez le temps d'observer les gens qui vous entourent.

Y a-t-il, dans votre entourage, des gens qui voient des problèmes partout ? Quels sont ceux, en revanche, qui voient avant tout des solutions et des possibilités ? Avec lesquels d'entre eux est-il le plus agréable de travailler, de discuter, de partager des loisirs ? Et vous, quel genre de personne voulez-vous être ?

Nous nous créons nous-mêmes par le biais de nos pensées.

Chaque pensée que vous entretenez à votre propos ou à propos d'une autre personne crée ou bien la paix, ou bien un malaise.

Une personne qui veut apprendre et s'améliorer, qui s'accepte telle qu'elle est en dépit de ses défauts, projette une énergie paisible - une énergie contagieuse qui inspire le respect.

Vos pensées influencent votre état et votre humeur, vos actions et vos réactions. Tout ce que vous dites et faites dépend de ce que vous pensez. Vous avez le pouvoir de choisir vos pensées. Ne laissez personne faire ce choix à votre place.

Prendre le contrôle de vos pensées n'est pas facile : cette démarche exige que vous preniez l'entière responsabilité de votre mode de pensée, de vos actions et de vos réactions.

C'est avant tout une question d'attitude : envers votre vie, envers celle des autres, envers les liens qui vous rattachent les uns aux autres.

UNE VIE PLUS PROFONDE ET PLUS SIGNIFICATIVE

Au lieu d'essayer d'acquérir davantage de biens, efforcez-vous d'apprécier pleinement ce que vous possédez déjà.

Ceux que vous aimez sont vos trésors les plus précieux. Trouvez quelqu'un à aimer et nourrissez cet amour. Communiquez, encouragez, écoutez !

Vivez dans le présent ! Regardez autour de vous : les choses les plus significatives dans cette vie sont gratuites. Regardez votre conjoint(e) et votre enfant quand ils sont endormis. Regardez les couleurs de votre jardin. Lorsque vous vivez vraiment dans le présent, vous découvrez de plus en plus de petits détails importants et vous ressentez l'énergie et la force qu'ils vous insufflent. Apprenez à voir et à apprécier. Une journée ordinaire est un trésor en soi !

Soyez généreux ! L'humilité vous grandira. En dépit de vos problèmes, vous êtes probablement plus privilégié que beaucoup de gens. Efforcez-vous d'être un modèle pour quelqu'un qui vous est proche.

Apprenez à apprécier votre existence ! Apprenez à vivre, pas seulement à exister.

> **Moins vous vous laisserez influencer par les gens négatifs, plus votre vie sera paisible et belle.**
>
> **Anonyme**

DÉCOUVREZ DE NOUVEAUX ASPECTS DE VOUS-MÊME

- Que préféreriez-vous faire durant vos heures de loisir ?
- Quelles sont vos forces ?
- Dans quel domaine êtes-vous particulièrement doué ?
- Avec qui aimeriez-vous passer du temps ?
- Les jeunes ont des rêves. Pourquoi la plupart des adultes cessent-ils de rêver ?
- Quels étaient vos rêves lorsque vous étiez plus jeune ?
- L'un de vos rêves s'est-il réalisé ?
- À quoi rêvez-vous maintenant ?
- Que faudrait-il pour que vos rêves s'accomplissent ?

Décrivez vos rêves par écrit.

Vous allez peut-être découvrir que vos rêves ne sont pas des rêves impossibles, et que vous êtes le seul à connaître ce qui, pour vous, est l'idéal !

Notez vos rêves maintenant ! Faites-le pour vous !

> **Ce que nous sommes aujourd'hui découle de nos pensées d'hier, et nos pensées actuelles construisent notre existence de demain. Notre vie est la création de notre esprit.**
>
> **Bouddha**

L'IRRITATION ET LA COLÈRE

Ce que notre entourage voit de nous, dans notre vie quotidienne, est un être agréable, heureux, optimiste. Notre travail peut nous contrarier, nous irriter, nous frustrer, nous ne montrons pas nos sentiments ! Au lieu de cela, nous les laissons couver et pourrir en nous. Nous gardons le sourire et cachons nos véritables émotions.

Mais quand nous rentrons à la maison, le masque tombe. Nous lâchons prise, et c'est notre famille qui doit porter le fardeau de notre colère dévoilée. L'irritation et la colère s'expriment plus souvent dans l'intimité du foyer.

De petits détails qui nous contrarient chaque jour prennent de l'ampleur au fil du temps. Toutes ces tracasseries se muent finalement en colère.

C'est injuste, c'est même tragique, car ce sont les êtres qui nous aiment le plus qui deviennent les réceptacles de notre agressivité, de nos colères et de nos frustrations. Pendant ce temps, des gens que nous connaissons à peine ne voient que l'aspect positif et aimable de notre personne !

Avez-vous grandi dans une famille dont les membres utilisaient leur rage et leur entêtement pour dominer et contrôler ? Si c'est le cas, il est possible que vous ayez appris à vous servir de votre colère pour obtenir ce que vous désirez. En agissant de la sorte, vous ne vous rendez sans doute pas compte que vous blessez votre famille et que vous vous blessez par la même occasion. Il est important que vous brisiez ce cycle avant de le transmettre à vos enfants. Si vous ne le faites pas, ces derniers se souviendront de vous comme d'un parent qui rentrait chaque soir à la maison irrité et de mauvaise humeur.

Mats raconte :
Mon ami Lasse m'a parlé de l'époque où son père, vendeur dans une boulangerie en gros, se rendait souvent dans les supermarchés de la région où ils habitaient. Un jour, après l'école, Lasse est allé chez un camarade de classe, où il a discuté avec la mère de ce dernier. Elle travaillait au comptoir de charcuterie de l'un des supermarchés où son père fournissait ses produits. Elle a demandé au jeune garçon : « Est-ce que ton père est bien le monsieur qui travaille pour une boulangerie ? » Lasse a fait oui de la tête, se demandant pourquoi elle lui posait cette question. « Ton père est l'homme le plus adorable et le plus drôle parmi tous nos fournisseurs ! » a affirmé la dame. Lasse était sidéré d'entendre ces paroles : l'expérience qu'il avait de son père était tout à fait différente ! C'était celle d'un homme amer qui rentrait le soir de méchante humeur, avalait son repas en silence, et, vingt minutes après, tombait endormi dans le divan, son journal sur le visage.

Cet exemple est un grand classique : des étrangers jouissent de la facette agréable d'une personne, tandis que la famille de cette dernière ne ressent, elle, que les effets négatifs de sa fatigue.

Les gens qui souffrent de stress et d'anxiété sont souvent grognons et se mettent facilement en colère. Si vous êtes de ces personnes qui se servent de leur colère pour contrôler leur entourage, vous êtes considéré comme un être déplaisant, mal dans sa peau, incapable de se maîtriser.

Les gens qui ont une bonne estime de soi n'éprouvent nullement le besoin de montrer leur force par le biais de l'agressivité et de la colère.

Prenez un moment pour réfléchir : vous est-il déjà arrivé de tirer un quelconque profit de votre colère ? Non, n'est-ce pas ? Cela vaut-il vraiment la peine d'exposer votre corps aux conséquences du stress : hypertension, pulsations cardiaques plus rapides, transpiration abondante ? La colère provoque la même montée d'adrénaline que celle suscitée par l'anxiété, et les sensations éprouvées sont les mêmes. Obtenez-vous vraiment ce que vous voulez grâce à la colère ? Quelles sont les conséquences de cette colère ? Quelles peurs essayez-vous de dissimuler avec cette colère ? Comment vous sentez-vous après ? Quels effets a-t-elle sur vos relations avec les personnes vers lesquelles vous la dirigez ?

Nous sauvions les apparences.

> ***Mats et Susan racontent :***
> *Il y a quelques années, Mats et moi travaillions ensemble dans notre magasin. Même dans nos moments de stress le plus aigu, nous sauvions les apparences. Personne n'aurait pu deviner comment nous nous sentions. Nous offrions un bon service à nos clients, avec le sourire. Nous nous efforcions d'être agréables et amicaux. Nous cachions toute contrariété qui pouvait surgir lors de nos rapports avec eux. Hélas, il ne nous restait pas toujours suffisamment d'énergie pour être amicaux l'un envers l'autre !*
>
> *Une fois rentrés à la maison, c'était l'effondrement ! Nous devions surmonter notre fatigue pour accomplir les tâches les plus élémentaires du quotidien. Nous nous querellions souvent et nous nous fâchions contre Julia, notre fille. Il nous arrivait d'avoir des réactions exagérées lors d'incidents dérisoires.*
>
> *Susan s'emportait facilement. J'étais très mal à l'aise quand cela arrivait. Elle pouvait se mettre en colère pour des broutilles. J'avais tendance à me retirer dans mon coin, et cela ne faisait qu'accroître sa colère. Lorsque ces moments étaient passés, nous évitions d'en parler – je dirais même que nous n'osions pas. Nous n'avons jamais résolu nos conflits, et notre colère n'a fait qu'augmenter.*
>
> *Et moi, Susan, je pensais que Mats craignait la confrontation – puisqu'il ne voulait jamais discuter. Je ne comprenais pas que toute discussion aurait été vaine parce que j'étais en colère ; cela n'aurait rien arrangé, au contraire. J'avais appris comment l'emporter grâce à ma colère, une colère qui incitait l'autre à abandonner !*

MAÎTRISEZ VOTRE COLÈRE

Il existe des moyens de convertir une colère négative en incident positif et efficace.

Lorsque nous sommes fatigués ou irrités, nous réagissons automatiquement avec colère – et sans réfléchir.

Prenez le temps de réfléchir avant de réagir. « Exploser » contre quelqu'un est une mauvaise habitude que l'on acquiert à force de la répéter. On a ainsi appris une nouvelle technique pour affronter stress et frustration. Lorsque vous sentez monter la colère :

Maîtrisez-vous pour éviter une réaction spontanée. Si vous ne le faites pas, vous répéterez ce que vous avez toujours fait.

Faites une pause de quelques secondes, prenez quelques profondes respirations et analysez la situation.

Vous avez certes le droit d'être en colère, mais soyez-le de façon efficace et réfléchie ! Maîtrisez-vous et assurez-vous que vous vous exprimez posément. Rester calme est beaucoup plus efficace : on vous écoute, on vous respecte.

Évitez de vous livrer à des accusations, par exemple : « Tu as tort ! » ou : « C'est de ta faute ! » Quand vous agissez de la sorte, l'autre se met sur la défensive et refuse d'en entendre davantage. Lorsque vous criez, ou accusez, il se sent attaqué et se referme immédiatement sur lui-même. Il se préoccupe uniquement de ce qu'il va répondre à vos accusations, il ne pense qu'à se défendre, voire à se venger !

Si vous considérez qu'il est légitime que vous critiquiez quelqu'un, commencez toujours votre discours par une déclaration positive. Si vous voulez critiquer un collègue, dites-lui d'abord : « Tu es un travailleur acharné et j'aime beaucoup collaborer avec toi. Cependant... » Abordez alors le problème. Sans élever la voix, expliquez-lui votre façon de voir la situation : « Je pense que... »

Utilisez le « Je », et non le « Vous » ou le « Tu », lorsque vous décrivez ce que vous ressentez à propos d'une situation. Dites, par exemple : « Je suis un peu triste de voir que... » ou : « J'ai vraiment besoin de parler de ce qui s'est passé... »

Choisissez soigneusement vos mots, ne haussez pas le ton, évitez de vous répéter. Expliquez à la personne que vous êtes heureux qu'elle prenne le temps de vous écouter. Cette attitude garantira une issue positive à la conversation. Et la personne en question sera beaucoup plus disposée, si besoin en est, à avoir une conversation similaire dans l'avenir.

QUELQU'UN RETOURNE SA COLÈRE CONTRE VOUS ?

Vous sentez-vous personnellement visé quand quelqu'un dirige sa colère contre vous ? Erreur ! Cette colère n'a pas nécessairement un rapport avec vous. Il arrive souvent qu'une personne irritée dirige sa frustration vers quelqu'un d'autre, n'importe qui, parfois. Elle est sans doute trop fatiguée et trop stressée pour affronter la situation de façon plus responsable.

Certaines personnes peuvent essayer de vous mettre en colère et de vous déstabiliser. Votre réaction à cette provocation dépend de vous. À vous de choisir !

Lorsque vous avez affaire à une personne en colère, demandez-vous ceci : « Pourquoi une telle colère ? Que cache-t-elle ? » Puis dites-vous : « Je ne dois pas prendre cela personnellement, cette colère n'a sans doute rien à voir avec moi. »

Les gens ne se mettent pas en colère, ils l'utilisent.
Rudolf Dreikurs

LIBÉREZ-VOUS DE VOTRE COLÈRE

Débarrassez-vous de vos vieilles colères. Ne vous appesantissez pas sur le passé. Cela ne vous rendra que plus déprimé et plus amer. Cela ne fera que vous blesser, et il vous sera alors plus difficile de vous concentrer sur ce qui compte dans votre présent.

Lorsque vous rentrez chez vous en colère et irrité à propos d'un incident survenu durant la journée, racontez-le à votre famille, mais insistez bien sur le fait que votre irritation et votre colère n'ont strictement rien à voir avec eux. Cette simple communication vous épargnera d'autres épisodes inutiles d'irritation, d'incompréhension et de culpabilité.

N'oubliez pas que vous êtes un modèle très important pour vos enfants ! Ils vous imitent. Voulez-vous qu'ils apprennent à affronter leur colère de façon positive ? S'ils croient que c'est la colère qui vous aide à obtenir ce que vous désirez, ils adopteront cette méthode. La colère est un sentiment qui doit être exprimé, mais vous pouvez l'exprimer de manière constructive au lieu de la manifester agressivement et sans vous contrôler – une attitude qui ne débouche que sur davantage de problèmes et sur l'incompréhension.

Rompez avec cette vieille habitude. Votre famille se sentira mieux, et vous aussi ! Et vos enfants seront plus disposés à vous écouter.

LA COMMUNICATION

Une communication défaillante est la cause la plus importante de l'échec de relations. Nous nous imaginons que nous nous comprenons, alors qu'il n'en est rien. Cette incompréhension est cause de chagrin, d'anxiété... et d'un pas de plus sur le chemin de l'incompréhension.

Si vous communiquez clairement et ne tenez rien pour acquis, vos relations seront mille fois meilleures.

Nous aimons croire que nous nous exprimons plus clairement que nous ne le faisons en réalité. La raison en est que nous avons chacun notre propre mode d'expression verbale, et qu'un discours qui nous paraît très clair peut sembler obscur à celui ou celle qui nous écoute. Une tierce personne, par contre, pourrait le trouver limpide – ou condescendant. Le plus important est que votre message soit entendu. Demandez à votre interlocuteur s'il vous a compris, et s'il a éventuellement une question à vous poser.

Si le discours d'un individu vous paraît incompréhensible, posez des questions ! Et contentez-vous des réponses données que lorsqu'elles vous paraissent claires et que vous avez parfaitement déchiffré le message. En posant des questions, vous témoignez de votre intérêt et de votre désir de comprendre. En préambule, dites ceci, par exemple : « Pour être sûr que je t'ai bien compris, veux-tu dire que... ? »

La communication verbale se compose de deux parties : le discours et l'écoute.

Être un communicateur ouvert, limpide et précis est tout aussi important que de faire preuve soi-même d'une bonne écoute. Il faut permettre à celui qui parle d'être entendu et compris.

Soyez direct, clair, concis. Décrivez avec exactitude ce que vous avez vu, entendu – ce dont vous avez été le témoin –, expliquez de quelle façon cela a pu vous influencer et vous émouvoir. Décrivez clairement ce qui est important pour vous et partagez ces sentiments avec votre interlocuteur. Dites-lui que vous aimeriez savoir ce qu'il pense et ce qu'il ressent lui-même. Cela lui démontrera que vous êtes vigilant et décidé à l'écouter.

Il est particulièrement important de réfléchir à votre façon de communiquer avec vos enfants, et de savoir de quelle manière votre style de communication peut les influencer. Par exemple, si vous avez l'habitude de vous plaindre de votre aspect physique, ils feront de même. Si vous commérez et répandez des rumeurs au sujet de vos voisins, de vos collègues de travail, de votre famille et de vos amis, ils vous imiteront !

Demandez-vous s'il vous arrive parfois de communiquer à vos enfants des éléments que vous auriez dû garder pour vous. Cela s'applique à la communication verbale aussi bien que comportementale.

Pourquoi devez-vous changer cette façon d'agir ?

> **Ce que les autres pensent de nous nous semble parfois plus important que ce que nous pensons de nous-mêmes !**
> **Susan Billmark**

Cessez de vous tracasser.

> ***Susan :***
> *J'ai remarqué que plus je vieillis, moins je me fais de souci à propos de ce que pensent les gens. Ce n'est pas le cas pour tout le monde, je sais. Pour un grand nombre de personnes, cette attitude vient avec la maturité. Ce qui importe pour moi dans l'existence a changé. Quand j'étais dans la vingtaine, en route vers mes 30 ans, je pensais qu'il était important de repasser les draps de lit, de nettoyer la maison une fois par semaine, de faire l'épicerie le vendredi et de ne jamais commencer la journée sans avoir pris un solide petit-déjeuner. Je faisais tout cela parce que ma mère l'avait fait avant moi, et parce que*

c'est ainsi que l'on devait se conduire. Je ne veux pas dire par là que ma mère était dans l'erreur, je veux dire que nous faisons certaines choses par habitude, sans jamais nous demander si nous voulons vraiment les faire.

Aujourd'hui, je ne me fais plus de souci quand les meubles sont un peu poussiéreux, et je ne repasse plus les draps de lit. Je sais que je n'ai pas à me sentir coupable si je ne mange pas le matin, et je ne fais plus les courses le vendredi car je sais que je vais acheter trop de choses dont nous n'avons pas besoin – des choses que je vais finir par jeter. Je me demande parfois à quoi ma vie aurait ressemblé si j'avais eu la même confiance en moi quand j'avais 15 ans. Aurais-je choisi une autre profession ? Aurais-je décidé de vivre dans un autre pays ? Qu'aurais-je ressenti ? Serais-je tombée dans une dépression due à l'épuisement ?

Quand nous comprenons les raisons pour lesquelles des gens réagissent de façon peu aimable et font des réflexions négatives, nous ne prenons plus leurs paroles et leur comportement à cœur. Cela ne nous concerne pas. Nous ne pouvons pas être blessés par ce qu'ils disent ou font.

Il est incroyablement libérateur de ne plus prendre personnellement les propos négatifs et l'agressivité des autres. Si vous cessez de vous soucier de ce que les gens pensent de vous, vous vous épargnerez une foule de moments stressants.

Ne tenez rien pour acquis et ne prenez rien personnellement.

Chaque personne que je rencontre a quelque chose à m'apprendre.

Le dalaï-lama

Quelle constatation vous convient le mieux : « Un grand nombre de gens sont inamicaux et peu reconnaissants » ou : « Presque tous les gens sont aimables et amicaux » ?

Ce que nous pensons des autres se vérifie souvent à notre sujet.

OSEZ DIRE NON

Le fait de ne pas oser défendre ce que l'on fait et ce que l'on croit est une cause courante d'anxiété. Vous n'osez plus prendre la parole, même si vous aimeriez le faire.

Vous pensez que vous défendez bien vos opinions parce que vous obtenez parfois ce que vous voulez ? Qu'en est-il exactement ?

Obtenez-vous ce que vous voulez par l'entremise d'un comportement constructif ? Ou par la colère ?

La colère ne vous permettra jamais de défendre ce en quoi vous croyez.

Un comportement agressif se caractérise par l'hostilité, la méchanceté et la colère. Votre entourage vous voit alors comme une personne qui n'a pas confiance en elle et perd le contrôle de ses actes – une personne qui les repousse ou essaie de les contraindre.

Lorsque vous vous exprimez avec calme et honnêteté, votre entourage vous considère comme une personne volontaire, qui a confiance en elle-même et qui contrôle parfaitement toute situation. Quand vous apprenez à décrire vos besoins, à dire non, à préciser vos intentions, votre personnalité s'impose et vous recueillez ainsi le respect que vous méritez.

Êtes-vous un « béni-oui-oui » qui s'efforce d'éviter toute confrontation ? Si vous reculez au moindre signe de conflit, votre entourage en prendra avantage et cela blessera votre estime de vous-même.

Apprendre à défendre ce en quoi vous croyez, à dire non, à rester calme en toute circonstance est une attitude qu'il vous suffit de pratiquer jusqu'à ce qu'elle devienne une habitude.

Personne ne peut me blesser sans ma permission.
Mahatma Gandhi

Il existe plusieurs raisons pour lesquelles nous n'obtenons pas ce que nous désirons.

- Nous ne voulons pas que les autres pensent que nous sommes mesquins, ou tatillons.
- Nous ne voulons pas irriter ceux qui nous entourent, nous voulons qu'ils nous aiment.
- Nous n'osons pas demander ce que nous désirons parce que nous avons peur de nous heurter à un « non ».
- Nous évitons de demander de l'aide parce que nous ne voulons pas qu'on nous croie faibles.
- Il nous est difficile de nous défendre quand nous nous sentons blessés, ou que l'on nous insulte.
- Nous voulons plaire aux autres et hésitons à dire ce que nous voulons de peur que cela ne provoque un conflit.
- Nous ne voulons pas être exposés au malaise et à l'anxiété qui découlent des conflits.

Un grand nombre de gens ont peur de paraître égoïstes quand ils défendent ce qui est important pour eux. Cette situation peut être évitée, à condition d'agir d'une manière adéquate.

Il suffit de parler sérieusement et fermement, sans vous mettre en colère. Cessez de vous trouver des excuses. Utilisez des phrases courtes et ne vous écartez pas du sujet. Dites ce que vous avez à dire aussi précisément que possible, puis attendez calmement la réponse.

Ne cherchez pas à vous esquiver en vous répandant en excuses ; ne dites pas que vous n'avez pas le temps, ou que cela ne vous intéresse pas. Vous risqueriez alors que votre interlocuteur ne se mette en tête de vous convaincre. Contentez-vous de lui dire : « Malheureusement, je ne peux pas m'occuper de cela aujourd'hui », puis parlez d'autre chose, ou prenez congé poliment.

> ***Susan nous parle d'une amie :***
> *Mon amie se fait constamment du souci. Je crois que c'est parce qu'elle est incapable de dire non, ou de défendre ce*

qu'elle désire. Sa fille, qui a très vite compris que sa mère baisse les bras au moindre conflit, exploite la situation pour obtenir ce qu'elle veut. Le comportement de mon amie découle du fait qu'elle a peur que sa fille ne l'aime plus et pense qu'elle n'est pas une bonne mère. La triste réalité, c'est que sa fille perd tout respect pour elle. Ce dont la jeune fille a besoin, c'est d'une maman qui soit capable de défendre ses convictions et ses principes, avec calme et fermeté. Une telle mère est un excellent modèle et une personne que l'on respecte.

Je me souviens de ce jour où mon amie et moi avions réservé une table dans l'un de nos restaurants préférés. Nous étions heureuses de disposer d'un peu de temps pour nous-mêmes, nous nous réjouissions à l'idée de déguster un succulent repas et de nous conter les dernières nouvelles. Nous étions à peine installées quand le téléphone de mon amie a sonné. C'était sa fille de 17 ans qui se plaignait d'un mal d'estomac et lui demandait de rentrer à la maison. Mon amie a avalé rapidement son repas et s'est précipitée chez elle pour aller soigner sa fille.

Notre soirée était fichue parce que mon amie avait peur du conflit qui pourrait survenir si elle disait non à sa fille. Plus tard, elle m'a révélé que le mal d'estomac de sa fille n'était qu'un moyen de la faire revenir à la maison pour lui préparer à manger. Mon amie avait honte de s'être laissé manipuler par sa fille. Et elle se sentait coupable de m'avoir laissée en plan devant mon assiette.

J'ose choisir ce qui est important pour moi.

Anonyme

Clarifier vos intentions et dire non quand vous le jugez nécessaire vous aide à construire votre estime de vous et à vous sentir sûr de vous.

Exposez vos opinions de façon contrôlée, nuancée, réfléchie !

Refusez de tomber dans la culpabilité. Soyez énergique, faites ce que vous avez envie de faire, restez sur vos positions quand vous avez la conviction que ce que vous pensez est important.

N'attendez pas que les autres prennent des décisions à votre place. Prenez-les vous-même. **Qu'attendez-vous, foncez !**

Si vous voulez obtenir l'aide d'une personne, apprenez à demander. Faites-le de façon ferme et amicale. Parlez calmement. Vous obtiendrez probablement l'aide que vous sollicitez. Une autre possibilité est de ne pas demander de l'aide en espérant qu'on vous l'apportera quand même ! Ou de vous débrouiller seul jusqu'à ce que vous échouiez, après quoi vous accuserez l'autre de ne pas avoir levé le petit doigt ! Que va penser cette personne ? Elle sera offusquée, et tout le monde sera perdant.

Une personne qui tient bon dans ses convictions et les exprime clairement a une excellente estime de soi et s'apprécie à juste titre.

Nous sommes tous des modèles pour les autres. Qui regardez-vous avec respect ? Qui vous regarde avec respect ?

> **Ils oublieront peut-être ce que vous leur avez dit, mais ils n'oublieront jamais comment ils se sont sentis face à vous.**
>
> **Carl W. Buechner**

UNE RELATION HARMONIEUSE NE DÉPEND AUCUNEMENT DE LA CHANCE

On ne se retrouve pas dans une bonne relation par l'opération du Saint-Esprit. Même avec une bonne chimie et les meilleures intentions, les bonnes relations ne se développent harmonieusement que lorsque les partenaires prennent le temps de se préoccuper l'un de l'autre. L'amitié et l'amour sont des sentiments qui exigent que l'on se dévoue consciemment et régulièrement.

Un grand nombre de couples passent des années à rechercher la meilleure recette pour une relation heureuse. Elle est pourtant simple :

- **Offrez à l'autre une attention pleine et entière !**

  Pour bénéficier d'une relation idéale, vous devez être totalement présents l'un à l'autre. Témoignez du respect à votre partenaire en vous consacrant à lui ou à elle lorsque vous êtes ensemble. Ne vous laissez pas distraire par des éléments extérieurs.

- **Ayez de tendres contacts physiques !**

  Chacun a sa propre idée de l'importance du sexe dans la relation amoureuse. Nous savons cependant avec certitude que la tendresse et les gestes amoureux sont essentiels. Ce n'est pas le geste qui est important, c'est de faire ce geste. Lorsque nous sommes caressants l'un envers l'autre, nous renforçons notre lien sur un plan émotionnel plus profond.

- **Soyez généreux !**

  Continuez à être attentifs et prenez soin l'un de l'autre comme vous le faisiez au début de votre relation.

- **Montrez souvent à votre partenaire à quel point vous l'appréciez !**

  N'oubliez jamais de lui dire combien il ou elle compte pour vous. Remerciez votre partenaire de faire partie de votre vie. Remerciez-vous souvent d'être là.

- **Tenez-vous mutuellement au courant, juste pour le plaisir... !**

  Les couples très occupés tombent souvent dans le piège consistant à ne parler que de problèmes pratiques. Qui va emmener l'enfant chez le médecin ? Avons-nous besoin d'autres produits à l'épicerie ? Qui va préparer le souper de ce soir ? Les couples heureux s'appellent ou s'envoient un texto juste pour le plaisir...

- **Flirtez !**

  Quelle que soit la durée de votre relation, continuez à vous faire des compliments, remarquez la nouvelle coiffure de l'autre, appréciez sa nouvelle robe ou son nouveau costume, ou contentez-vous de vous sourire amoureusement.

- **Travaillez ensemble sur un projet !**

  Un projet commun consolidera votre relation. Un couple heureux sait comment faire équipe.

- **Amusez-vous !**

  Ne prenez pas la vie trop au sérieux. Les couples qui rient ensemble ont de meilleures chances de maintenir une relation vigoureuse.

- **Présentez des excuses !**

  Au besoin, n'oubliez pas de présenter des excuses. Bouder et rester dans son coin empoisonne tout ce qui vous entoure. Présenter des excuses vous aidera à grandir en tant qu'être humain.

- **Soutenez les rêves et les espoirs de votre partenaire !**

  Soyez attentif aux rêves, aux espoirs, aux projets de votre partenaire. Cela s'appelle aimer !

Une étude récente démontre que les couples qui restent ensemble année après année sont ceux qui se témoignent mutuellement gentillesse et générosité.

> **Ce n'est pas le manque d'amour, mais le manque d'amitié qui fait les mariages malheureux.**
>
> **Nietzsche**

LES AFFIRMATIONS

Les affirmations sont utiles dans le développement personnel. Nous les utilisons, entre autres, pour clarifier ce que nous voulons accomplir et pour être en mesure d'atteindre plus facilement nos objectifs.

Nous pouvons également utiliser des affirmations pour être plus heureux et plus courageux, pour rompre avec une mauvaise habitude, et ainsi de suite.

L'idée qui se cache derrière toute affirmation est que nous créons le monde qui nous entoure et notre propre monde par le truchement de nos pensées, de nos sentiments et de nos convictions. Autrement dit, nous disposons d'un grand pouvoir sur notre existence.

Nous avons souvent tendance à avoir des affirmations **négatives** à propos de notre personne, par exemple : « Mon nez est affreux », ou « Je ne suis bon à rien ». Nous savons tous à quel point nous nous sentons mal quand nous pensons de la sorte. Plus ces pensées nous envahissent, plus elles deviennent puissantes et plus nous leur permettons de mener notre vie.

Si ces pensées peuvent fonctionner de manière négative, elles peuvent aussi fonctionner de manière positive !

Libre à nous d'utiliser des affirmations positives pour avoir des sentiments positifs et pour atteindre aisément nos objectifs.

Lorsque vous créez des affirmations, gardez ce qui suit bien présent à l'esprit :

- Elles doivent être brèves et concises. Exemple : « Je suis confiant. »
- Elles doivent être positives. Évitez de prononcer les mots « ne pas », « jamais », devrais ».
- Elles doivent être formulées à la première personne du singulier et être personnelles. Exemple : « Moi, Susan, je suis calme et pondérée. »
- Elles doivent être formulées au présent, comme si elles s'étaient déjà réalisées. Exemple : « J'ai... », « Je suis... », « Je peux... »

Créez vos affirmations et répétez-les aussi souvent qu'il vous est possible. Pensez-y mentalement et dites-les à voix haute. Notez-les sur papier et placez la feuille à un endroit où vous pourrez la voir constamment.

> ***Affirmations partagées :***
> *Puisque nous avons décidé d'aider le plus grand nombre possible de personnes afin d'éviter qu'elles tombent dans cette anxiété et ce stress dont nous avons souffert dans le passé, notre mission consiste à partager, grâce à ce livre, tout ce que nous avons appris. Pour nous aider, nous faisons appel à une affirmation que nous nous répétons l'un à l'autre et en nous-mêmes. La voici :*
>
> *« La version anglaise originale de Ce livre va changer votre vie s'est vendue à 500 000 exemplaires et a été publiée dans 10 pays. »*

Le secret, lors d'une affirmation, est de ne pas tricher. Il s'agit simplement de changer sa façon de penser.

Il faut parfois se secouer pour obtenir ce que l'on veut, et adopter une attitude plus positive envers la vie.

Quelques exemples :

J'écoute ce que dit mon cœur.
J'aime les défis, qui m'aident à progresser.
Je me sens fort.
Je mange une nourriture saine.
Je suis bien comme je suis.
Je me suffis à moi-même.
Mon corps se porte bien.
Mes besoins sont importants.
Ma situation financière s'améliore de jour en jour.
J'ai ce qu'il faut pour réussir.
Je possède tout ce dont j'ai besoin.
Je suis heureux dans la vie.
Je dispose de tout le temps dont j'ai besoin.
Je me sens détendu.
Je suis courageux.

LE COMMÉRAGE

Avez-vous déjà pris conscience de l'immense pouvoir des mots? Savez-vous quelle énorme influence vous pouvez avoir lorsque vous vous adressez à quelqu'un? Cela est particulièrement vrai pour vos enfants. Vous avez, en tant que parent, une immense responsabilité lorsque vous parlez à vos enfants – ou lorsque vous discutez en leur présence. Soyez très attentif à la teneur des messages que vous leur envoyez. Votre progéniture imite facilement ce que vous dites; vos opinions peuvent s'imprimer en elle.

Les mots qui nous sont adressés peuvent modifier notre façon de voir une personne ou un objet quelconque, pour le pire ou pour le meilleur.

Pourquoi êtes-vous si empressé de vous joindre à ceux qui répandent des commérages?

La peur?

> *Notre théorie est la suivante: nous nous sentons moins seuls lorsque nous apprenons que d'autres personnes que nous ont des problèmes. Il nous est plus facile de parler des autres que de parler de nous: ainsi, nous n'avons pas à prendre la responsabilité de nos problèmes et nous ne devons pas les révéler à d'autres personnes. Il serait pourtant beaucoup plus honnête et constructif de parler de nous plutôt que des autres!*

Lorsque vous entendez des médisances à propos de certaines personnes, ces paroles malveillantes restent en vous et, s'il vous arrive de rencontrer ces personnes, vous ressentez un sentiment d'inconfort. Votre corps tout entier est envahi par ce malaise chaque fois que vous vous trouvez en présence de la victime du commérage.

Nous nous rendons quasiment malades quand nous écoutons des ragots et quand nous en colportons. Tout notre corps en souffre. Par contre, lorsque nous parlons de quelqu'un avec bienveillance, nous ressentons une émotion tout à fait agréable. Essayez ! Vous constaterez qu'il y a une immense différence dans les sentiments que vous éprouvez !

À travers les yeux des autres...

> ***Susan :***
> *J'avais une élève qui était stagiaire dans un bureau, mais qui ne s'entendait malheureusement pas avec sa directrice. Chaque fois que je la rencontrais, elle me décrivait en détail les conflits qui les séparaient. Je me suis alors imaginé cette directrice comme une personne qui exploitait ses employés et qui n'écoutait pas ses collègues. J'avais l'impression que cette femme était dure, insensible, déraisonnable.*
>
> *Quelques années plus tard, Mats et moi avons commencé à avoir davantage de contacts avec le bureau en question car d'autres élèves y avaient entamé leur stage. Nous avons donc fait la connaissance de la fameuse directrice. À notre grande surprise, nous avons constaté que c'était une personne aimable, positive, et dure à la tâche. Elle essayait tout simplement d'atteindre ses objectifs. Chaque fois que nous nous rendions au bureau, elle était heureuse de nous voir, et toujours prête à nous aider. Le problème, c'est que ma relation avec elle avait commencé avec des réticences, car je la voyais avec les yeux de mon élève.*

Nous laissons passer une foule de relations agréables pour la simple raison que quelqu'un nous a enfoncé de vilains ragots dans la tête.

Les enfants entendent des adultes répandre des rumeurs, des jugements et des préjugés sur des personnes qu'eux, les enfants, n'ont parfois jamais rencontrées ! Conclusion : ils en déduisent que c'est là un moyen normal de communiquer.

Imaginez une petite fille de 10 ans qui entend une de ses compagnes de classe dire qu'elle est laide. Cette compagne a peut-être dit cela parce qu'elle est jalouse, frustrée ou déçue par quelque chose dans sa propre vie. Hélas, le mot « laid » colle à la petite fille de 10 ans, et elle finit par croire que c'est vrai. Des déclarations de ce genre peuvent mener tout droit à l'anorexie, à la boulimie, à l'anxiété, à un comportement obsessionnel – et même à l'automutilation.

Vous devez faire comprendre à vos enfants que ce que disent d'eux leurs camarades d'école n'a pas toujours un rapport avec eux.

> ***Mats raconte :***
> *Oprah Winfrey reçoit une belle jeune femme de 35 ans dans son émission. Cette femme lui raconte ce qui lui est arrivé quand elle était à l'université : elle se trouvait devant son casier quand, soudainement, elle a entendu deux garçons qui parlaient d'elle de l'autre côté de la rangée de casiers. L'un d'eux disait : « Si on veut faire l'amour avec Jane, il faudra d'abord lui mettre un sac sur la tête ! » Cette simple phrase a radicalement changé la vie de la jeune fille. À partir de ce jour, elle a décidé qu'elle était laide, répugnante, et cette certitude s'est prolongée dans sa vie d'adulte. Bref, elle n'a jamais pu avoir une relation aimante avec un homme. Elle continuait à vivre avec la certitude qu'elle était trop laide et trop repoussante pour qu'un homme puisse tomber amoureux d'elle. Une seule phrase avait fait office de lavage de cerveau ! Et le fait de se la répéter encore et encore en avait fait une vérité.*

Ce que nous disons aux autres est très important. Ce que nous disons des autres l'est encore plus.

Exercice :
Prenez la décision, pendant toute la journée, de ne rien dire de négatif à propos d'une ou d'autres personnes. Contentez-vous d'écouter ce qui se dit autour de vous, sur l'un ou sur l'autre. Vous serez surpris de constater à quel point les ragots foisonnent !

Soyez attentif à vos paroles ! Émettez-les prudemment de manière à ne pas vous blesser personnellement, et à ne pas blesser ceux qui vous entourent.

Soyez conscient de ceci : Chaque fois que quelqu'un vous fait part de commérages, ces paroles malveillantes s'incrustent en vous. Le commérage est difficile à éviter, mais vous pouvez le faire en déclarant : « Pas question que j'écoute ces ragots ! » Vous pouvez aussi mettre en doute le contenu du commérage : « Comment sais-tu cela ? Es-tu vraiment certain de ce que tu dis ? »

Les commérages meurent quand ils heurtent les oreilles d'une personne sage.

Anonyme

PROGRAMMER ET ORGANISER

Permettez-vous au temps de prendre le contrôle sur vous, ou prenez-vous le contrôle de votre temps ?

Nous voyons sans cesse apparaître de nouvelles technologies destinées à nous faire gagner du temps. Pourtant, il semble que plus nous disposons de nouveaux appareils, moins nous avons de temps – et plus nous sommes la proie du stress. Il est évident que, utilisés à bon escient, le téléphone cellulaire et l'ordinateur nous font gagner du temps, mais il est tout aussi évident que nous devenons nerveux et stressés lorsque nous restons connectés trop longtemps.

Si vous ne planifiez pas vos tâches, vous serez constamment en manque de temps. Vous pourrez certes vous acquitter des travaux importants, mais le reste ne sera pas accompli, et le stress vous envahira. En planifiant, vous aurez la certitude d'avoir le temps de faire tout ce qui doit être fait. Et vous serez à l'abri du stress.

Rien n'est impossible. L'impossible demande juste un peu plus de temps.

Winston Churchill

L'efficacité de Susan :
Un jour où je nettoyais à fond la cuisine, je suis allée dans la salle de lavage pour y prendre un torchon. Quand je suis arrivée dans la pièce, j'ai constaté que la machine était pleine de linge lavé qui demandait à être mis à sécher, mais il fallait d'abord que je décroche le linge sec sur le fil, puis que

je le range dans la penderie. Une fois dans la chambre, j'ai vu que les fleurs qui se trouvaient dans un vase avaient désespérément besoin d'eau. Je suis donc allée en chercher dans la salle de bain, mais quand je suis arrivée dans la pièce, j'avais oublié pourquoi j'étais là ! Je suis retournée dans la cuisine et j'ai vu que j'avais toujours besoin d'un torchon. Je pensais être ultra-efficace parce que je n'arrêtais pas, mais la vérité était qu'il me faudrait beaucoup plus de temps que nécessaire pour venir à bout de toutes mes tâches. En outre, je ne prêtais pas suffisamment attention à ce que je faisais. J'accomplissais une foule de petites corvées, mais rien de vraiment important, et j'avais l'impression que je n'en finirais jamais ! Je crois que le mot « multitâche » est dépassé. Cette manière de faire est rarement efficace. De nos jours, il est préférable de faire une chose à la fois. Il est beaucoup plus intelligent – et réaliste – de se concentrer sur une tâche à la fois. C'est ma conviction. Un travail doit être bien fait, et terminé, avant de passer à autre chose. C'est cela qui permet de gagner du temps !

« JE N'AI PAS LE TEMPS DE ME DÉTENDRE ! »

Ce qui va vous offrir un peu plus de temps, c'est de fermer votre téléviseur, et de vous accrocher moins souvent à votre cellulaire et à votre ordinateur ! Pensez à toutes ces heures que vous passez – chaque semaine – assis devant l'écran ! Ne croyez-vous pas que ce temps pourrait être consacré à des occupations plus valorisantes ?

Selon une enquête effectuée il y a quelques années, les Suédois passent environ six heures par jour devant leur téléviseur et Internet, ainsi qu'à l'écoute de la radio et la lecture des journaux. Il semble que ce chiffre n'ait pas baissé depuis.

Toute l'information que nous retirons de ces médias en une journée doit être digérée en vingt-quatre heures. Nous devons impérativement nous ménager du temps pour réfléchir, nous détendre et nous reposer.

Nous ne pouvons tout simplement pas nous laisser farcir le cerveau de faits, d'histoires et d'opinions sans en faire le tri. Il est nécessaire que nous nous débarrassions d'une partie de ces informations afin de ménager un peu d'espace dans notre tête. Nous ne pouvons accomplir cette tâche pendant le sommeil : quand nous dormons, nous n'avons aucun contrôle sur le processus de triage accompli par notre cerveau. C'est pourquoi il est essentiel de pratiquer une méditation et une relaxation conscientes. Il est important de trouver le temps de méditer dans notre vie quotidienne, de découvrir comment le faire avec sérieux, efficacité, et d'insérer cette occupation dans notre emploi du temps. Il est tout aussi essentiel de planifier la relaxation et la méditation que de faire de l'exercice physique.

La télé, la technologie, et nous :
Quand notre fille Julia était petite, nous allumions souvent le téléviseur sur des programmes pour enfants, et nous le laissions allumé toute la soirée. Nous lui avions même montré comment allumer le poste elle-même, ce qu'elle faisait rarement quand elle était occupée à un jeu. Aujourd'hui, nous évitons le plus souvent possible d'allumer cette télé qu'il nous est si difficile d'éteindre. Le problème, c'est que les loisirs numériques sont trop accessibles. Il ne nous vient même pas à l'esprit d'éteindre le téléviseur quand nous utilisons notre cellulaire ou pianotons sur Internet. Difficile de limiter l'utilisation de la technologie dans une famille où chacun a des loisirs différents !

Il est important d'en discuter sérieusement. Déconnectez-vous de temps en temps ! Allez prendre l'air, bavardez, jouez ensemble à un jeu de société.

CHACUN DOIT FAIRE SA PART

Certains enfants sont si dorlotés que l'on pourrait croire qu'ils vivent à l'hôtel ! **Quand une famille se partage les corvées, ses membres ont beaucoup plus de temps à eux, ou pour s'offrir des loisirs communs.**

Les enfants peuvent être d'excellents auxiliaires, et cela dès leur plus jeune âge. Chaque membre de la famille devrait déposer lui-même son assiette dans l'évier après le repas. Les petits enfants aiment aider, surtout si on les y a encouragés très tôt.

Les enfants plus âgés peuvent évidemment avoir des responsabilités plus importantes. Lorsqu'on leur explique que leur aide est nécessaire, et qu'à défaut de cette aide, la tenue de la maison laissera à désirer, ils se montrent compréhensifs. Ils apprennent très vite qu'une famille est une équipe dont les membres doivent s'épauler.

Martin, notre petit assistant :
Martin, le petit bonhomme de cinq ans que nous accueillons dans notre foyer, passe quelques heures avec nous chaque semaine. Avec un peu d'encouragements, il adore nous aider ! Il semble que Martin considère toute corvée comme un jeu. Il aime grimper sur un tabouret pour mélanger de la nourriture et couper des légumes ; il adore mettre la table et remplir les verres. Il est même capable de s'habiller seul, à condition bien sûr de savoir ce qu'il doit porter. Si Martin est aussi volontaire et compétent, c'est parce que sa mère l'a encouragé à l'aider dès son plus jeune âge. Les petits enfants sont toujours prêts à aider lorsque les adultes font preuve d'une énergie et d'une attitude positives et ludiques. Si on ne leur donne pas des ordres maussades et sévères, ils se montrent généralement enthousiastes.

Pour se sentir membres à part entière du foyer de leurs parents, les enfants ont besoin de prendre part aux corvées et aux tâches quotidiennes. À chaque tâche et corvée qu'ils accomplissent, leur confiance en eux s'épanouit davantage. Discutez avec votre famille lorsqu'il est question de prendre des décisions, et prenez-les ensemble. Vos enfants doivent apprendre que leur avis compte. Ils se sentent alors respectés et vous rendent la pareille en vous respectant encore plus.

Mats, l'enfant gâté :
Je suis le parfait exemple de ce qui arrive lorsqu'un enfant ne participe pas aux tâches et aux corvées quotidiennes. J'étais le plus jeune de trois enfants et tout le monde me gâtait. J'avais une maman très attentive, un père bricoleur, un grand frère responsable et une grande sœur aimante. Chacun voulait se rendre utile et était plein de bonne volonté, et chacun prenait soin de moi avec amour et gentillesse. Le résultat de toutes ces attentions, c'est que,

arrivé à l'âge adulte, je n'étais absolument pas prêt à vivre seul et que j'ignorais totalement comment prendre soin de moi. Ma première petite amie était en état de choc! Elle venait d'emménager avec un enfant de 26 ans qui était incapable de faire cuire un œuf et de faire tourner une brassée dans la machine à laver!

QUELQUES CONSEILS POUR UNE MEILLEURE PLANIFICATION ET UNE BONNE ORGANISATION

- Affichez un horaire.
- Faites des projets à long terme: un mois, six mois, un an. Qui fera quoi?
- Faites un plan détaillé pour de courtes périodes de temps, comme une semaine, par exemple. Qui fera quoi?
- Ne surchargez pas vos journées. Prenez en considération le fait que certaines tâches peuvent prendre plus de temps que prévu. Faites de la place à la spontanéité.
- Apprenez à dire non à ceux et à celles qui veulent empiéter sur votre temps.
- Déléguez autant de tâches que possible.
- Faites des projets ensemble: vous êtes une famille.

Voyez à quel moment de la journée vous avez le plus d'énergie. Utilisez cette plage de temps pour accomplir les tâches qui sont les plus importantes et demandent plus de vitalité. Chaque soir, accordez-vous au moins dix minutes de relaxation totale.

En n'utilisant ne fût-ce qu'un ou deux de ces conseils, vous serez surpris de constater à quel point vous vous sentez bien. Améliorer planification et organisation demande de la pratique, car vous devez changer votre façon de voir CE QUE vous faites, LE MOMENT où vous le faites, et LA MANIÈRE dont vous le faites.

Au début, vous vous sentirez peut-être un peu coupable. Surtout pas!

Vous méritez de vous sentir bien !

Mats était totalement débordé !
Mon agenda était toujours archi-plein. Je vivais dans un rush perpétuel : je marchais vite, je mangeais vite, je conduisais vite. J'avais toujours une foule de corvées à faire. Je me fixais des objectifs irréalistes, que je n'avais jamais le temps d'atteindre, bien sûr, alors je devais choisir entre deux ou trois tâches importantes. Ce que je ne pouvais faire un certain jour, je le repoussais au jour suivant, et ce jour-là ne s'en trouvait que plus stressant encore. Susan avait le même problème.

Susan et moi avions de grosses difficultés à nous entendre avec les gens qui faisaient leur travail lentement, et même à un rythme normal. Nous détestions faire la queue. Les gens qui parlaient doucement nous horripilaient. Nous étions deux impatients et il nous était terriblement difficile de nous détendre. Je me sentais parfois si stressé que je pouvais à peine me concentrer quand je jouais à un jeu de société avec ma fille. Je n'arrêtais pas de faire rouler des pensées dans ma tête, il m'était impossible de les repousser, je ne pensais qu'à ce que j'avais oublié de faire ou à ce que je devrais bientôt faire.

Un jour où j'étais retardé à cause d'une circulation routière difficile (je me rendais chez mes parents), mon stress a atteint une telle intensité que j'ai failli craquer. Pourtant, je n'avais aucun rendez-vous, et je n'étais même pas en retard sur mon horaire. Je ne me suis même pas demandé pourquoi j'étais stressé. Je me disais que j'étais comme ça, qu'aurais-je pu y faire ?

Si vous vous reconnaissez dans cette anecdote, je vous conseille d'admettre immédiatement que votre situation est périlleuse.

Vivre de cette manière n'est pas sain, et vous devez agir sans tarder. Vous devez d'abord identifier les facteurs qui provoquent le stress que vous subissez. Ensuite, il vous appartient de modifier votre façon d'aborder les situations que vous ne pouvez pas changer.

Ménagez-vous du temps personnel et inscrivez la durée de cette pause dans votre agenda. Arrangez-vous pour passer moins de temps avec votre cellulaire, votre ordinateur et la télé. Consacrez votre temps libre à reconstruire vos forces et votre patience. Prenez un bain, fermez la porte de votre chambre, écoutez de la musique, ou la voix d'un guide de relaxation, méditez, faites du yoga ou du qi gong, ou faites une promenade, même si vous ne disposez que de quinze minutes.

La relaxation doit être une priorité dans votre vie, surtout si vos occupations exigent de vous un niveau élevé d'activité.

Hier soir, j'ai fait une foule de plans que je me suis empressé d'oublier ce matin.

Anonyme

L'ORDRE

Votre environnement familier est important pour votre bien-être. Le désordre, la négligence et la malpropreté sont des causes de stress.

Chaque membre d'une famille a sa propre définition du désordre. Il est important de discuter de ces différentes définitions, puis de faire des concessions afin d'arriver à un arrangement raisonnable. Cette compréhension commune doit prévaloir lorsque plusieurs personnes vivent ensemble.

Le perfectionnisme n'a rien à voir avec la simple volonté de vivre dans un endroit propre et ordonné. Le perfectionnisme est un comportement anormal qui peut déboucher sur des habitudes obsessionnelles et sur des phobies.

L'ordre veut dire que chaque objet doit être à sa place. Ce n'est pas que votre maison doit ressembler à une image de magazine ; il faut simplement que vous puissiez y vivre à l'aise.

Lorsque nous sommes stressés, nous avons parfois l'impression que le chaos s'est emparé de notre cerveau. En raison de ce désordre

intérieur, il est d'autant plus important de se mouvoir dans un lieu et un entourage ordonnés.

Nous influençons nos enfants.

> ***Susan :***
> *J'avais l'habitude de jeter mes vêtements tout autour de moi, et Julia n'a pas tardé à faire de même. Je croyais que tout ce que je lui enseignais était bien, mais aujourd'hui, Julia est une adolescente qui jette ses vêtements partout – comme beaucoup d'ados, je sais. Personnellement, j'ai rompu avec cette mauvaise habitude, et je me dis que si je prends soin de mes vêtements et établis des normes avec lesquelles Julia va grandir, elle les intégrera et les respectera quand elle sera adulte.*
>
> *Ce que nous faisons et apprenons à nos enfants finit par se transformer en norme, même si nous avons peine à le croire lorsque nous constatons qu'ils ne font rien de ce que nous faisons et disons !*

Dans quelle mesure le désordre vous affecte-t-il ?

Faites un petit test, dans votre chambre, par exemple. Le lit n'est pas fait. Comment vous sentez-vous ? Maintenant, faites votre lit, tendez bien les couvertures, le couvre-lit, époussetez la table de nuit, rangez les objets inutiles dans un tiroir. Une fois que tout est en ordre, placez-vous dans l'embrasure de la porte et demandez-vous : « Et maintenant, comment est-ce que je me sens ? »

Quel est le premier objet que vous voyez quand vous ouvrez les yeux le matin ?

Est-ce l'objet que vous aimeriez voir ? Ce à quoi ressemble votre chambre à coucher a un effet certain sur votre sommeil. Quel est le premier objet que vous voyez dans le couloir quand vous rentrez à la maison ? Pourquoi ne feriez-vous pas en sorte d'améliorer l'un ou l'autre détail afin de rendre votre maison, votre foyer, plus accueillant ? Faites-le pour votre bien-être.

> **Au lieu de penser à ce que vous n'avez pas, pensez plutôt à ce que vous avez.**
>
> **Mahatma Gandhi**

QUELQUES CONSEILS POUR METTRE DE L'ORDRE CHEZ VOUS

NE VOUS ENCOMBREZ PAS D'OBJETS INUTILES

Rangez vos objets inutiles, ou débarrassez-vous-en – même de ceux qui se trouvent sous votre lit, sous le canapé, ou derrière la porte. D'accord, vous ne les voyez pas, mais vous savez qu'ils sont là et cela vous empêche de vous sentir parfaitement calme et détendu.

RANGEZ VOS PLACARDS

Lorsque vous ouvrez vos placards, tout doit y être bien ordonné. Faites en sorte de trouver un système rationnel de rangement, que ce soit pour empiler, accrocher, pendre, ou déposer.

ET LES MURS ?

Les cadres, les photos, les étagères et les crochets à vêtements devraient être plus ou moins rassemblés. Sinon, ils auront l'air de flotter librement sur les murs.

REDÉCORER ? BONNE IDÉE !

Attaquez-vous à une pièce à la fois. Examinez-la d'abord. Changez les meubles de place et voyez si cela vous plaît. Triez les objets, débarrassez-vous de certains d'entre eux. Laissez reposer un moment. Discutez ensemble de ce à quoi vous aimeriez que ressemble la pièce. Chacun de vous doit aimer chaque nouvel agencement. Il y a toujours de bonnes solutions à trouver, même s'il faut parfois faire des compromis.

L'EXERCICE

Il n'y a pas si longtemps, les gens menaient une existence physiquement exigeante. Le bon côté de cette vie, c'est qu'elle leur permettait d'utiliser adéquatement et naturellement leurs hormones de stress. De nos jours, beaucoup d'individus font des travaux en position assise. Ce sont eux surtout qui ont besoin de faire de l'exercice.

L'exercice physique est incroyablement bénéfique pour ceux et celles qui souffrent de stress et d'anxiété.

Il est extrêmement important – pour tous et toutes – de vous débarrasser des hormones de stress que vous accumulez pendant la journée.

L'exercice physique nettoie le corps de ses toxines. Il améliore la mémoire et l'ensemble des fonctions cérébrales, y compris les capacités d'apprentissage et de concentration. Dans la mesure où l'exercice induit un meilleur sommeil, il renforce aussi le système immunitaire. Il est bien entendu qu'il ne faut pas forcer : des efforts trop épuisants ne renforcent pas le système immunitaire, ils l'affaiblissent..

Le type d'exercice importe peu. Ce qui est important, c'est de le faire régulièrement. Une marche énergique et quotidienne de trente minutes est l'exemple même d'un exercice efficace.

Les endorphines, ces hormones que produit votre corps quand vous faites travailler vos muscles, vous donnent une sensation agréable de vigueur et augmentent votre contrôle sur vos sentiments et vos réactions.

Aussitôt que vous commencez à faire de l'exercice, votre organisme neutralise les hormones du stress. Vous apprenez également comment vos muscles travaillent et devenez plus conscients de leur action. Vous vous sentez physiquement et psychologiquement en équilibre, vous êtes en paix avec vous-même.

Mats a besoin de faire de l'exercice :
L'exercice a une énorme influence sur mon ressenti. Quand je fais travailler mes muscles régulièrement, il m'est beaucoup plus facile de combattre le stress et l'anxiété. Je suis plus heureux, mon énergie augmente, ainsi que ma patience. Je sais combien il peut être difficile de commencer, mais lorsqu'une bonne motivation vous entraînera dans l'action, vous n'aurez plus envie d'arrêter.

Quand je fais de l'exercice régulièrement, cette activité se transforme en habitude – une habitude pour laquelle je trouve toujours du temps libre. Je suis fier de prendre ainsi soin de moi, cela renforce ma confiance et mon estime personnelles.

Faites des choix sains pour votre corps. Ménagez-vous du temps pour faire des exercices quotidiens.

Le meilleur exercice est celui qui est fait !

Anonyme

LE SOMMEIL

Selon le professeur Torbjörn Åkerstedt, l'un des plus grands chercheurs et spécialistes du sommeil de Suède, les connaissances concernant l'importance de ce dernier sur la santé se sont considérablement étoffées. Lorsque nous avons de bonnes habitudes de sommeil, nous sommes moins exposés au risque de contracter certaines maladies. Le chercheur affirme que le sommeil est vital pour notre équilibre émotionnel. Plus nous lisons sur la science du sommeil, plus nous comprenons les raisons pour lesquelles un manque de sommeil nous rend plus émotifs et plus susceptibles d'être sujets à des changements d'humeur. Privés de sommeil, nous réagissons de façon excessive à des situations qui, en temps normal, ne nous toucheraient pas le moins du monde. Les recherches les plus récentes démontrent qu'un sommeil insuffisant ou perturbé peut provoquer une hausse du cholestérol et aggraver les problèmes cardiaques, le diabète, la déprime et l'effondrement dépressif. Le sommeil est indispensable pour que notre organisme répare et reconstruise ce qui a été endommagé pendant les heures de veille, et pour nous permettre de récupérer des fatigues et des soucis d'une journée de travail.

Lorsque votre sommeil est insuffisant ou perturbé, votre corps perd la capacité de se reconstruire et de récupérer. Ces défaillances expliquent le lien qui existe entre les troubles du sommeil et le stress.

Une des causes les plus courantes du manque de sommeil est que nous n'arrivons pas à « éteindre » nos pensées.

Les troubles du sommeil sont plus courants chez les femmes que chez les hommes. C'est dans le cadre des professions consacrées aux soins aux enfants et aux soins infirmiers – emplois majoritairement occupés par des femmes – que l'on rencontre le plus souvent ces problèmes.

Notre société de 24 heures est également à mettre en cause dans notre incapacité à récupérer normalement. Nous sommes censés pouvoir être disponibles 24 heures sur 24. Si nous le voulons, nous pouvons être en activité et en éveil 24 heures par jour – une situation dans laquelle la frontière entre le temps de travail et le temps libre ou de loisir n'existe quasiment plus. Une activité nocturne saccage nos rythmes biologiques et génère un sommeil trop léger ou perturbé. Les activités nocturnes produisent un sommeil de très mauvaise qualité, qui produit à son tour un état d'esprit déprimé et réduit notre capacité de concentration, ce qui nous rend moins efficaces dans tout ce que nous accomplissons.

Pour éviter la fatigue et les maladies à long terme, la majorité des individus a besoin de sept heures de sommeil.

> ***Susan ignorait sa fatigue :***
> *J'avais besoin de temps à moi et, pour l'obtenir, je n'ai rien trouvé de mieux que de réduire mes heures de sommeil ! En tant que maman d'un petit enfant, je donnais la priorité à ma famille et j'oubliais de penser à moi. J'ai commencé par utiliser mes heures de sommeil pour étudier, coudre, lire et prendre soin de la maison. Tout cela a fonctionné à merveille pendant un court laps de temps. Je prenais soin des miens pendant la journée et je me consacrais à mes loisirs le soir. Hélas, il n'a pas fallu très longtemps pour que mon corps se mette à protester.*
>
> *Aujourd'hui, j'ai compris combien le sommeil est important. Je sais que la privation de sommeil débouche sur bon nombre de problèmes. En conséquence, je suis attentive à ce que me dit mon corps quand je ne lui donne pas le temps nécessaire pour se reposer.*

Ne tombez pas non plus dans l'obsession à cause d'un problème de sommeil – cela ne ferait que retarder le moment où vous pouvez enfin vous endormir !

Quand on dort bien, on atténue les symptômes de la dépression, soit l'inquiétude et l'anxiété, et on améliore son estime de soi.

Concentrez-vous sur vos heures de sommeil, non sur celles que vous n'avez pas !

Voici quelques conseils pour vous aider à dormir mieux et plus longtemps.

Sortez de votre chambre votre téléviseur, votre téléphone cellulaire et votre ordinateur. Les recherches démontrent que regarder la télévision n'est pas du tout relaxant. Votre cerveau se sent obligé de digérer tout ce qu'il voit et entend, et il n'a aucune possibilité de se reposer.

Ne travaillez pas au lit. Le lit est fait pour la détente et pour l'amour, rien d'autre !

Assurez-vous d'éteindre toutes les lumières. La mélatonine, l'hormone du sommeil, est régulée par la lumière et l'obscurité. La lueur envoyée par l'écran de l'ordinateur et du cellulaire, qui s'insinue dans votre cerveau par le truchement de vos yeux, perturbe la synthétisation de la mélatonine.

Investissez dans un bon lit et un bon matelas. En matière de sommeil, un bon lit est un meilleur investissement qu'une voiture de luxe !

Caféine, nicotine, alcool et sucre vous tiendront éveillé si vous les consommez trop près de l'heure du coucher.

Assurez-vous que la température de votre chambre est fraîche. Ouvrez la fenêtre et aérez votre chambre avant de vous mettre au lit, ou dormez avec la fenêtre ouverte.

Résolvez vos problèmes pendant la journée. Si vous n'avez pas résolu certains problèmes avant d'aller au lit, écrivez-les sur un bout de papier et décidez de vous y attaquer le lendemain.

L'exercice. Faire du sport régulièrement améliore la qualité de votre sommeil. Mais évitez d'en faire juste avant de vous mettre au lit, vous risqueriez de vous sentir en pleine forme, et sans la moindre envie de dormir !

Si vous ne pouvez pas fermer l'œil, levez-vous. Lancez-vous dans une activité qui fatigue, comme lire un livre. Cela donnera à votre corps une autre possibilité d'entamer le processus d'endormissement lorsque vous vous recoucherez.

Ne mangez pas avant d'aller au lit. Vous ne dormirez pas bien avec l'estomac plein, mais veillez tout de même à ne pas être affamé avant de vous coucher.

Efforcez-vous de maintenir un horaire stable pour le coucher. Choisissez une heure qui vous convienne pour le coucher et le lever, et essayez de vous y conformer. Se mettre au lit avant dix heures du soir est une bonne règle de base.

Essayez de lâcher prise un moment avant de vous coucher. Faites, par exemple, un exercice de relaxation.

Faites de votre préparation au dodo un rituel. Faites les mêmes gestes chaque soir – par exemple enduisez-vous de lotion pour le corps, lisez un chapitre de votre livre, brossez-vous les dents. Après quelques semaines, ces gestes avertiront votre corps que l'heure du coucher a sonné.

Essayez de ne pas dormir pendant la journée. Il est préférable que vous vous leviez plus tard ou que vous vous couchiez plus tôt.

> **Laisse-la dormir. Quand elle se réveillera, elle pourra soulever des montagnes.**
>
> **Anonyme**

EXERCICE DE RELAXATION

Voici un excellent exercice pour ceux et celles qui ont de la difficulté à s'endormir, ou qui se réveillent au milieu de la nuit et ne se rendorment pas facilement.

- Si cela vous est possible, couchez-vous sur le dos, bras le long du corps, mains dans le prolongement des bras, ou sur le ventre. Les jambes doivent être droites et immobiles. Si la position n'est pas confortable et que le bas de votre dos en souffre, placez un coussin ou une couverture roulée sous vos genoux. Fermez les yeux.
- Concentrez-vous sur votre poitrine et sur votre ventre. Soyez attentif à votre souffle, à votre poitrine qui se soulève et s'affaisse à chaque respiration.
- Respirez calmement, par le nez. En comptant de 1 à 10, inspirez et expirez. Par exemple : Inspire, expire – un. Inspire, expire – deux. Inspire, expire – trois. Etc. Puis faites la même chose, mais de 10 à 1.

Si vous êtes distrait par vos pensées et perdez le compte, recommencez.

Cet exercice vous apprendra à rompre le cours de vos pensées, à détendre votre corps et à vous concentrer sur le présent.

La journée est finie, la nuit est là. Aujourd'hui s'en va, ce qui est fait est fait. Accueillez vos rêves, accueillez-les toute la nuit. Demain apparaîtra dans une toute nouvelle lumière.

Anonyme

LES MÉDICAMENTS : EN PRENDRE OU PAS ?

Les antidépresseurs sont des médicaments destinés, notamment, à permettre à une personne d'adopter un état d'esprit positif lorsqu'elle est dans l'impossibilité de changer son style de vie et ses comportements négatifs.

Un grand nombre de personnes qui souffrent de stress et d'anxiété se posent souvent la question : dois-je prendre une médication ? Si vous en ressentez le besoin, rassurez-vous, cela ne veut pas dire que vous êtes une personne faible, ou une cause perdue ! Se soigner n'a rien de honteux. Et cela ne signifie pas non plus que vous devrez prendre cette médication toute votre vie.

Si vous désirez prendre des antidépresseurs, il convient d'abord de voir un thérapeute ou un psychologue – de préférence un praticien spécialisé dans la thérapie comportementale cognitive.

La thérapie comportementale cognitive (TCC) est un traitement psychothérapeutique. Cette thérapie apprend à remplacer les pensées, sentiments, émotions et comportements qui contribuent à la dépression. Elle permet de se débarrasser de ses symptômes et d'empêcher leur réapparition. La TCC est une forme de psychothérapie structurée, active et instructive qui se focalise davantage sur le présent et l'avenir que sur le passé.

LAISSEZ LA MÉDECINE VOUS VENIR EN AIDE

Les antidépresseurs peuvent vous aider à retrouver le calme, à vous sentir plus équilibré, à adoucir des réactions trop intenses. Il faut cependant savoir que plusieurs semaines peuvent passer avant qu'ils ne commencent à faire effet. Il faut savoir aussi qu'ils peuvent, au début, accentuer vos peurs et votre anxiété.

Si vous décidez plutôt d'essayer un anxiolytique, comme l'Oxazepam, le Valium ou le Xanax, soyez bien conscient que ces produits peuvent provoquer une dépendance. Ils ne devraient, en conséquence, être absorbés que pendant une assez courte durée et en quantité limitée. Consultez votre médecin, votre thérapeute ou votre psychologue : il pourra sans doute vous dire quelle est la solution qui vous convient le mieux.

Les antidépresseurs n'aident pas tout le monde. Chez certaines personnes, les symptômes peuvent même s'aggraver. Et il est parfois nécessaire d'essayer plusieurs médications différentes avant de trouver la bonne.

Notre expérience

Mats :
J'étais radicalement contre toute médication (ce qui est typique chez les anxieux). J'avais une peur panique des effets secondaires et des risques de développer une dépendance. Mais quand je me suis trouvé au plus bas de la dépression, au point de ne plus pouvoir fonctionner dans la vie quotidienne, je me suis dit que je n'avais plus le choix. J'ai commencé à prendre un antidépresseur qui, en me soulageant de mon anxiété, m'a permis de bénéficier de la thérapie que je venais d'entreprendre.

Susan :
J'ai pris un antidépresseur pendant un certain temps. Cette médication m'a aidée à contrôler mes réactions émotionnelles trop intenses. J'ai bénéficié de l'aide d'un thérapeute comportemental cognitif qui m'a donné une série d'exercices à pratiquer. C'était extraordinaire de parler ainsi à un professionnel et de recevoir l'aide nécessaire à un véritable changement. Il est parfois difficile, et même douloureux, de faire face à certaines révélations sur votre comportement, mais c'est indispensable si l'on veut retrouver l'équilibre.

LES STIMULANTS NE RENDENT PAS L'EXISTENCE PLUS FACILE

Un grand nombre de personnes ont recours à différents stimulants pour leur donner un coup de fouet, les calmer, les réconforter ou renforcer leur confiance en soi. Le problème, c'est qu'après avoir utilisé ces stimulants, leur sensibilité au stress augmente ; ils sont accablés par un sentiment de culpabilité, leur anxiété et leurs inquiétudes se font plus aiguës. La dépendance aux stimulants peut se transformer en une habitude dangereuse. En bref, vous risquez fort de devenir « accro ».

Vous croyez qu'une cigarette, une tasse de café, un verre de vin ou un morceau de chocolat vont vous aider à vous détendre ? Faux. C'est tout le contraire !

Oui, vous vous sentirez plus alerte, et oui, vous le serez... pendant un moment. Ensuite, les effets secondaires se feront sentir. Vous vous sentirez plus fatigué qu'avant, voire plus anxieux, et vous aurez besoin d'une nouvelle dose !

Ce cycle de hauts et de bas se poursuivra. Et à la fin de la journée votre corps vous suppliera de lui accorder une autre dose. **Ce qui va créer en vous un sentiment négatif : la culpabilité.**

LE SUCRE

Lorsque nous absorbons des aliments qui ont une forte teneur en sucre, notre taux de glycémie augmente et notre organisme produit de l'insuline pour le faire baisser. Quand le niveau d'insuline est trop élevé, le taux de glycémie diminue beaucoup trop. Pour que le corps atteigne à nouveau un taux normal, il produit de l'adrénaline. L'effet secondaire de l'adrénaline est de nous rendre encore plus nerveux, plus inquiet et beaucoup plus anxieux.

Au cours de ces dernières années, une kyrielle de nouveaux types de sucre et d'édulcorants ont fait leur apparition sur le marché. Le sirop de maïs à haute teneur en fructose, la maltodextrine, la dextrose, l'amidon de maïs, l'aspartame, le sucralose et le stevia n'en sont que quelques exemples. Une trop grande quantité d'aspartame peut agir comme un laxatif, et le sucralose est associé à une maladie intestinale inflammatoire. Des recherches ont démontré que les édulcorants artificiels sont liés à des diabètes de type 2, à des maladies coronariennes, au syndrome métabolique et à l'obésité. Les nouveaux édulcorants ont les mêmes effets négatifs sur le corps que le sucre ordinaire.

Certains édulcorants peuvent même être plus dangereux que le sucre, car le corps et le cerveau, incapables de les absorber, les utilisent comme énergie. Ils sont stockés dans le foie, qui les transforme en graisse.

> ***Susan a la « dent sucrée » :***
> *J'ai eu pendant un certain temps des envies intenses de sucre. Dans la mesure où le sucre est partout, essayer de l'éviter constituait une véritable torture. Ce besoin se faisait surtout sentir après le souper, et il était particulièrement fort si le repas avait été riche en glucides – pâtes et pain blanc, par exemple, ou ce que l'on appelle fast-food. Ma seule possibilité d'éviter de manger ces douceurs dangereuses était tout simplement de ne pas en avoir à la maison ! Si c'était le cas, malheur à moi ! En dépit de ce que dit la science, à savoir que le sucre ne provoque pas de dépendance, j'ai très bien pu me rendre compte que j'étais « accro » : lorsque je n'avais pas ma ration de sucre, je devenais incroyablement irritable. Mais tout est question d'habitude. Je consomme parfois un fruit, du fromage cottage à la cannelle et quelques tranches de banane, et quand je suis vraiment raisonnable, il suffit que je me brosse les dents !*

Quand Julia était petite, nous remarquions toujours un changement de comportement quand elle avait mangé du sucre. Une fois par semaine, elle pouvait choisir une friandise à l'épicerie. Après l'avoir mangée, elle devenait plus remuante, plus capricieuse, et même irritable - et elle en voulait toujours plus. En regardant en arrière, je me rends compte que nous n'aurions jamais dû lui donner ces bonbons, mais les lui refuser était difficile !

Les parents d'aujourd'hui sont beaucoup plus conscients des effets nocifs du sucre, et ils s'efforcent d'en limiter l'absorption par leurs enfants. Mais ce n'est pas toujours facile. Une foule de produits destinés aux enfants contiennent du sucre ajouté. Le yaourt, les céréales, les jus de fruits pour enfants en contiennent parfois plus que les mêmes produits réservés aux adultes. Le problème est de taille, car le corps des enfants est petit et les doses de sucre élevées. Il est tout à fait déconseillé d'absorber une dose élevée de sucre le matin, car cela exacerbe l'envie de sucre pour le reste de la journée. Le gouvernement suédois recommande un maximum de 1,5 décilitre de friandises par semaine pour les enfants en âge scolaire. Et il est préférable d'éviter les jus et les boissons gazeuses au repas. Remplacez-les par un verre d'eau.

LA CAFÉINE

On trouve la caféine dans le café, le thé vert et noir, le chocolat et le guarana. Les boissons énergétiques sont devenues de plus en plus populaires, et leur consommation a nettement augmenté ces dernières années. Ce sont, en majorité, les enfants et les adolescents qui en consomment. Malheureusement, leur petit corps ne peut supporter le taux de caféine présent dans ces boissons, et ils ne sont pas habitués à la caféine comme le sont les adultes. Le risque d'overdose est donc très élevé. Ces enfants et adolescents peuvent alors présenter des symptômes comme de la nausée, des étourdissements, de l'anxiété, des palpitations et des contractions musculaires. La caféine peut engendrer le stress, ainsi que la difficulté de concentration, la nervosité, l'irritabilité et l'anxiété. En outre, elle surexcite le système nerveux central.

Le gouvernement suédois recommande aux femmes enceintes de réduire leur absorption de caféine. On sait qu'une trop grande consommation de caféine peut provoquer une fausse couche. Cette substance est encore plus dangereuse quand on la mélange à l'alcool. La caféine est un stimulant et l'alcool un dépresseur, autrement dit, on ne ressent pas l'intoxication de façon adéquate lorsqu'on les associe, et il y a alors risque de consommer trop d'alcool.

L'ALCOOL

L'alcool est socialement accepté dans notre société. Décider de ne pas boire dans certaines situations ou célébrations peut être considéré comme un comportement douteux. Mais l'alcool peut très vite se transformer en dépendance. L'alcoolisme est une maladie complexe et ceux qui en souffrent finissent souvent par se trouver dans la nécessité d'affronter ses conséquences. Certaines personnes prennent un verre d'alcool ou deux pour se détendre ou se calmer, mais les limites à imposer à cette habitude ne sont pas toujours claires.

L'alcool peut calmer ou amplifier les émotions. Avec l'habitude, il peut accentuer les sentiments de culpabilité et d'anxiété. Il augmente l'appétit, renforce le besoin de sucre, et son taux de calories est élevé. N'hésitez pas à consulter un professionnel si vous sentez que vous êtes sur le point de dépasser les limites au-delà desquelles l'alcool peut devenir dangereux !

LES ENVIES ET LES MAUVAISES HABITUDES DIRIGENT VOTRE EXISTENCE

Il est possible de diminuer, voire de mettre fin, à vos envies de sucre, de café, de cigarettes et d'alcool. Une partie de votre être sait que vous ne devriez pas céder à l'envie de manger ce bonbon, d'allumer cette cigarette, de boire ce verre de vin, mais c'est plus fort que vous. Pourquoi ? Parce qu'obéir aux signaux que vous envoie votre corps est trop difficile ! Alors vous refusez de l'écouter.

Bien sûr, il existe une raison pour laquelle vous vous livrez à cette surconsommation. Vous voulez vous sentir bien, vous échapper, vous détendre... ou vous avez besoin de remplir un vide. Tous les stimulants accordent ce type de récompense. Si votre récompense après la prise d'alcool est la détente, trouvez un moyen plus sain de la susciter. Si la caféine vous donne un coup de fouet – mais que vous voulez rompre avec cette habitude – faites une marche rapide !

Il y a toujours une solution saine à adopter, qui vous donne la même récompense.

Il nous arrive souvent, lorsqu'une envie se pointe, d'essayer de la réprimer. Mais plus nous nous efforçons de ne pas y penser, plus nous craignons d'y succomber. Affronter ce besoin devient vraiment difficile.

Au lieu d'essayer d'ignorer ou de réprimer une envie, écoutez-la. Prêtez-lui attention. Comment vous sentez-vous quand elle surgit ? À quoi pensez-vous ? Êtes-vous en train de vous reprocher quelque chose ? Essayez-vous de vous convaincre que ce n'est vraiment pas grave que vous vous laissiez aller juste une toute petite fois ?

QUAND L'ENVIE SURGIT

Pensez à toutes les choses positives qui surviendront si VOUS REFUSEZ de succomber à votre envie.

Décidez d'attendre dix minutes avant de succomber. Soyez attentif à ce que vous ressentez pendant ces dix minutes.

Observez et décrivez vos émotions. Quoi que vous ressentiez, dites-vous que c'est normal. Vous vous rendrez vite compte que tout cela n'a rien d'inquiétant.

Accueillez cette sensation, mais résistez à l'impulsion qui vous dit de faire ce que vous ne voulez pas faire. Si vous vous sentez agité, occupez-vous, faites une promenade, appelez un ami. Si vous vous sentez fatigué, étendez-vous un instant ou faites un somme. Notez ensuite combien de temps il a fallu pour que votre envie se dissipe.

Plus vous pratiquerez cet exercice, plus il deviendra facile. Votre existence sera bien meilleure si vous résistez, et vos envies finiront par disparaître. Promis.

Vous vous sentirez plus fort.

Dans l'avenir, lorsque vous constaterez que votre anxiété et votre stress se sont atténués ou ont disparu, vous pourrez vous accorder un café à l'occasion, ou un thé, ou un verre de vin, ou un morceau de chocolat. Mais si vous avez une mauvaise habitude sérieuse ou une dépendance à l'une de ces substances, il est préférable que vous vous en teniez d'abord à une abstinence complète.

Ce qui est important, c'est d'être conscient de l'influence que ces substances ont sur votre personne – et que vous connaissiez vos limites.

LA COULEUR ET LA FORME DU BIEN-ÊTRE

Nous avons tous nos couleurs préférées, et celles que nous n'aimons pas, mais peu d'entre nous savent l'influence qu'elles peuvent exercer sur notre vie. Dans la nature, la couleur a toujours un sens. Les plantes qui doivent attirer les insectes pour s'épanouir sont souvent parées de couleurs vives.

La couleur la plus communément aimée dans le monde est le bleu. Est-ce parce que nous l'associons au bleu du ciel ? Nos lèvres sont rouges, une couleur que nous rattachons aux hormones et aux pulsions sexuelles. Les mamelons de la femme sont brun-rouge afin que les bébés puissent trouver facilement leur nourriture.

En 2000 avant J.-C., l'Inde utilisait déjà la couleur pour un usage thérapeutique. Les Égyptiens n'étaient pas en reste.

Dans *Colors in Everyday Life and Therapy*, Karl Ryberg, architecte et psychologue, écrit :

> *Un nombre infini d'études médicales ont été effectuées sur les effets de la couleur et de la lumière sur notre organisme. Les résultats obtenus démontrent que la couleur exerce une forte influence sur l'homéostasie corporelle, ou l'équilibre. En fonction de leur fréquence et des couleurs elles-mêmes, les couleurs vives peuvent avoir une série d'impacts physiologiques. Un grand nombre de ces effets surviennent même si les sujets ne peuvent voir de leurs yeux la lumière ou les couleurs. La glande pinéale et la glande pituitaire réagissent au flux lumineux et libèrent des hormones. Ces*

réactions ne sont pas seulement provoquées par la lumière qui frappe nos yeux, mais par celle qui touche notre peau. Cette réalité vaut la peine qu'on s'y arrête, car elle souligne le fait que notre corps tout entier est un récepteur de lumière doté d'une « vision intégrale » - proche de celle du ver et de la larve. Quelques expériences sont démontrées par la nature elle-même : sous les latitudes nordiques extrêmes, les menstruations des femmes inuites cessent pendant les mois les plus sombres de l'hiver, provoquant ainsi une stérilité temporaire. À l'opposé, les femmes des tropiques sont fertiles toute l'année en dépit d'épreuves diverses et d'éventuelles privations de nourriture.

Les couleurs sont vibrations. Plus intense est la couleur, plus fortes sont les vibrations. Ces vibrations nous permettent de percevoir les couleurs non seulement avec les yeux, mais à travers les pores de notre peau ! C'est la raison pour laquelle les personnes non voyantes perçoivent les couleurs.

Les sentiments, les pensées, la tension artérielle, la température corporelle, la respiration et le système immunitaire sont influencés par les couleurs.

La lumière colorée est guérisseuse. La lumière bleue, par exemple, est utilisée partout sur cette terre pour guérir les enfants qui viennent au monde avec la jaunisse.

Voici comment les couleurs nous influencent et comment nous les percevons :

LE ROUGE

Le rouge influence le système nerveux et, de ce fait, accroît la sécrétion d'adrénaline. La tension artérielle, la respiration et le taux de sucre s'élèvent. Les hormones sexuelles sont activées et la force musculaire augmente. Le rouge est la couleur du sang et du feu. Nous ressentons une chaleur ; nous nous sentons enthousiastes et actifs. Le rouge est associé à l'amour, la passion, le désir, l'énergie, la guerre, le danger, la force, le pouvoir et l'esprit de décision. Il peut dès lors être ressenti par certaines personnes comme stressant et inquiétant. Aux États-Unis, ce sont les gens qui possèdent une voiture de sport rouge qui ont la prime d'assurance accident la plus élevée : les statistiques prouvent que les conducteurs de voitures sport rouges prennent des risques déraisonnables et provoquent davantage d'accidents que les autres conducteurs.

LE BLEU

Le bleu a un effet opposé sur notre système nerveux. Le bleu incite les glandes surrénales à sécréter de la cortisone, ce qui fait baisser la tension artérielle, apaise la respiration et réduit le taux d'adrénaline dans le sang. Le bleu augmente le taux d'oxygène dans le corps, réduit l'activité hormonale et l'inflammation. Nous ressentons la couleur bleue comme calmante, mais aussi un peu déprimante. C'est une couleur à recommander pour la chambre d'un enfant hyperactif. Le bleu est associé à la conscience et à l'intellect. On l'associe à la fiabilité, l'honnêteté et la fidélité. Le bleu foncé est associé à la richesse et au pouvoir.

LE JAUNE

On pense que le jaune accroît le niveau de vigilance et qu'il est un stimulateur mental, car c'est la couleur du soleil. Le jaune exprime l'optimisme, l'illumination, le bonheur, la chance, l'intellect et l'énergie. On dit que les personnes qui ont des difficultés d'apprentissage de la lecture sont aidées lorsqu'elles se trouvent dans une pièce aux murs jaunes et lisent un texte imprimé sur fond jaune. Le jaune est une couleur considérée comme spontanée, mais aussi instable.

LE VERT

Le vert est une couleur neutre. Elle est calmante, relaxante. On la perçoit généralement comme une couleur agréable associée à l'harmonie, à la jeunesse et à la fraîcheur. Le vert stimule le développement, l'épanouissement, la fertilité, la stabilité et l'endurance. Il aide à la concentration et il donne, à celui qui en est entouré, l'impression d'être en sécurité.

L'ORANGE

La couleur orange améliore la circulation sanguine et est associée à la fois aux sentiments positifs et négatifs. Elle représente l'enthousiasme, la fascination, le bonheur, la créativité, la détermination, l'attirance, le succès, l'encouragement et la stimulation. La couleur orange stimule l'appétit et facilite la digestion. Dans le christianisme, elle symbolise la gloutonnerie.

LE VIOLET

Le violet combine la stabilité de la couleur bleue froide à la chaleur de la couleur rouge. Il est associé à la sagesse, la dignité, l'indépendance, la créativité, le mystère, la magie, la force, la noblesse, le luxe, la royauté et l'ambition. Il inspire et accroît la créativité.

LE ROSE

Le rose est généralement considéré comme une version faible de ce que projette le rouge, auquel il est associé. Il symbolise l'amour et l'affection, mais pas la passion ! Le rose est stimulant pour les filles et calmant pour les garçons. Une nuance particulière du rose, le rose-mauve, est si apaisante qu'un grand nombre de postes de police des États-Unis dispose d'une pièce rose-mauve, dans laquelle on place les suspects violents afin de les calmer.

LE BRUN

Le brun exprime la stabilité, la fiabilité et l'accessibilité. Il dénote des qualités masculines. Le brun est la couleur de la terre, des origines. Il est associé à tout ce qui est naturel, biologique. On peut aussi le trouver sale.

LE NOIR

Le noir dévore l'énergie et on le considère comme tranquille, calme et lourd. Le noir peut être associé à la force, l'autorité, l'élégance, la mort, le diable et le mystère. Le noir est une couleur très officielle, et prestigieuse. Trop de noir suscite de la dépression et rend les gens mal à l'aise. Le noir peut être utilisé pour accentuer la couleur de certains objets. À petites doses, il peut créer de la tension et du dynamisme.

LE BLANC

Le blanc est associé à la lumière, la bonté, la paix, l'innocence, la propreté, la neutralité, la facilité et la sécurité. Le blanc est la couleur qui permet aux autres couleurs de s'imposer. Trop de blanc peut être ressenti comme froid, voire stérile.

LE GRIS

Le gris est la couleur de l'intellect, de la connaissance, de la sagesse. Il est digne, conformiste, officiel. Le gris est modeste, peu remarquable. C'est la couleur du compromis. On peut l'associer à la retenue et à l'indépendance d'esprit.

Les couleurs symbolisent différents éléments selon les cultures. Par exemple, nous décorons nos maisons en rouge à Noël, quand il gèle, afin de nous offrir une agréable sensation de chaleur. Quant à nos salles de bain, elles sont bleues, vertes ou blanches, ce qui accentue leur propreté et leur aspect pimpant. Lorsque nous écoutons nos émotions, nous faisons appel à notre sens inné de l'utilisation des couleurs pour créer l'équilibre. Ce n'est pas pour rien que les logos de certaines sociétés sont bleus et que les hommes d'affaires portent un costume bleu foncé. Et il est évident que les camions de pompier doivent être rouges. Nous sommes constamment influencés par les compositions de couleurs, à la fois consciemment et inconsciemment.

Les couleurs foncées semblent rétrécir les objets, alors que les couleurs vives les font paraître plus gros. Les couleurs foncées donnent une impression de lourdeur, les claires projettent un aspect plus aérien, plus désinvolte. Vous aussi, vous pouvez changer ou créer votre environnement, et accorder vos vêtements à votre humeur et à l'attitude que vous désirez exprimer.

> ***Notre maison :***
> *Nous avons créé un environnement joliment coloré dans notre foyer. Il arrive que certaines personnes le trouvent un peu chargé. Pour le rez-de-chaussée, où se trouvent la cuisine et le salon, nous avons opté pour le jaune, l'orange et le rouge. Au premier étage, nos deux chambres et notre bureau sont décorés dans les tons de bleu, de rose et de pourpre – des couleurs à la fois apaisantes et stimulantes. Les escaliers entre les étages sont gris, une couleur neutre.*
>
> *Nous avons adopté ces styles de couleur il y a treize ans, et nous continuons à les aimer. Notre fille Julia, qui a maintenant 18 ans, aimerait sans doute quelques changements. Elle a grandi entourée de certaines couleurs et a à présent besoin, comme d'autres adolescents, de choisir*

elle-même les teintes de son environnement personnel. Elle a récemment décidé de peindre les murs de sa chambre en blanc et beige.

Un grand nombre de personnes n'ont même pas le temps de penser au décor dans lequel elles aimeraient vraiment vivre. Alors, elles copient leurs voisins, leurs amis, ou s'inspirent de magazines de décoration intérieure. C'est dommage, car les responsables de ces magazines veulent simplement qu'elles achètent de nouveaux meubles et de nouveaux objets, et les inciter à les remplacer souvent. Lorsqu'on suit les tendances, on se fatigue plus facilement de son environnement, car on n'a pas pris la peine de penser sérieusement à l'aspect de l'endroit dans lequel on veut vivre. En conséquence, on ressent constamment le désir de changer. Osez faire ce que vous voulez réellement !

LES FORMES

Les formes présentes dans la nature et dans nos maisons peuvent-elles vraiment avoir une influence sur notre humeur ? Lorsque je parle de formes, je parle aussi de lignes. Nous sommes influencés différemment selon que les lignes sont horizontales, verticales, obliques, droites, parallèles ou croisées. Les lignes horizontales nous apaisent. Selon les lignes formées par l'emplacement de nos meubles, étagères, tapis et tentures, nous pouvons rendre une pièce plus grande, plus petite, plus haute, plus basse ou plus ronde. Les formes rondes et ovales sont plus douces et plus agréables à l'œil que les coins et les bords droits. On ne trouve pas de lignes parfaitement droites dans la nature, ni d'angles. Formes et lignes présentes dans la nature nous donnent une sensation de confort.

L'architecte et chercheur Alan Dilani, du Centre de médecine psychosociale de Solna, a accordé une interview extrêmement intéressante sur le sujet au journal *Barometern*. Il y déclare notamment ceci :

Une architecture et un design bien conçus créent un sentiment de cohérence et de sécurité. Autrement dit, l'environnement peut être d'un grand soutien, psychologiquement et socialement, pour le bien-être des gens. Lorsque nous créons des espaces harmonieux en termes de clarté, de couleur, de matériau, d'air et de lumière ; quand nous aménageons des lieux où les gens se rassemblent naturellement, et des endroits où ils peuvent se retirer dans la solitude, alors nous contribuons à leur santé. De nombreuses recherches démontrent que les environnements agréables font baisser la tension artérielle, renforcent le système immunitaire, apaisent le rythme cardiaque et les états dépressifs, et réduisent le besoin d'analgésiques en cas de douleur.

Une bonne architecture augmente également la créativité, stimule la passion, et rend heureux.

[...] Toutes les recherches démontrent que les lieux petits mais bien conçus peuvent aider à prévenir une foule de maladies. [...] Notre système de santé ne compte que pour 10 % dans ce qui contribue à notre santé. Notre style de vie – c'est-à-dire nos loisirs, nos activités quotidiennes et notre travail – compte, lui, pour 50 %, et l'environnement pour 20 %. Selon les recherches d'Ingmar Norling, de l'Université Sahlgrenska, seuls les 20 % restants dépendent de nos gènes.

N'est-il pas agréable de penser que 20 % seulement de notre santé dépend de nos gènes ? Et n'est-il pas rassurant de nous dire que nous pouvons plus ou moins influencer les 80 % restants ?

En somme, voici ce qui nous permet de ressentir un bien-être :

- L'harmonie et l'équilibre dans l'agencement de nos meubles, toiles, tissus et sources de lumière.
- Des pièces et des espaces bien éclairés et bien aménagés.
- Les lignes et les matériaux naturels offerts par l'association du bois, bambou, herbe, coquillages, pierres, verre, métal, tissus naturels et peaux de mouton.
- Une abondance de lumière, surtout celle du jour.
- Un éclairage doux, provenant de petites sources de lumière plutôt que de grandes. La lumière des bougies crée une douce atmosphère.

- L'eau. Elle est apaisante et humidifie l'air sec de nos maisons.
- Des fauteuils, des canapés et des lits placés de telle sorte que vous puissiez voir la porte. Ne jamais placer un lit sous une fenêtre.
- Les couleurs que vous aimez. Évitez les couleurs qui sont « tendance ».
- Les peintures, les photos et autres objets décoratifs qui ont un sens pour vous.
- Les plantes. Une pièce où vivent des plantes est plus douillette, et l'on a presque l'impression d'être dans la nature. Les plantes en pot humidifient l'air et permettent de mieux respirer. Elles libèrent l'air ambiant de ses toxines et de ses substances chimiques. Parmi les plantes les plus apaisantes : les marguerites, le lierre commun, le lis de la paix, les palmiers.

CRÉER LA SANTÉ

Dans les temps anciens, on ne faisait pas de distinction entre les activités quotidiennes et les activités artistiques – contrairement à aujourd'hui. Les Sami, peuple indigène du nord de la Scandinavie, avait même un mot pour décrire cette réalité : *Duodji*. Ce mot voulait dire à la fois « artisanat », « style de vie » et « attitude envers l'homme et la nature ». L'art était intégré à tous les aspects de l'existence des Sami – y compris dans la chasse, la cuisine, la fabrication des objets nécessaires à la vie et les vêtements. Il faisait aussi partie de la communication, de la résolution des conflits, de la guérison et des pratiques médicinales.

C'est seulement au cours des derniers siècles que l'art a commencé à être considéré comme une activité à part entière et à se démarquer de la vie de tous les jours. Nous pensons que c'est regrettable, car cet état de choses divise les êtres humains plutôt que de les unir.

La guérison de Susan :
La première chose que j'ai faite quand une dépression due à l'épuisement m'a forcée à prendre un congé a été de dormir. J'étais excessivement fatiguée et, depuis plusieurs années, j'avais des douleurs dans certaines parties du corps. Ces douleurs étaient aiguës, comme si une pointe de couteau me transperçait. Je dormais quand Mats et Julia se levaient, j'étais encore endormie quand ils rentraient le soir. Mais après six mois de sommeil, la douleur avait disparu ! J'ai alors entrepris une thérapie comportementale cognitive, et j'ai pris la décision de faire de longues marches. J'ai toujours aimé me promener dans la forêt. J'aime ses odeurs, ses sons, son calme, sa tranquillité. Je revenais souvent à la maison avec un petit morceau de la nature. Un jour, au cours de l'été 2002, j'ai

coupé de petites branches de bouleau pour en faire une couronne que je voulais pendre au plafond du salon. Je me suis munie de fil d'acier, d'une pince, et j'ai tressé les branches. (Tandis que j'écris cela, les larmes me montent aux yeux tant cette activité a été un merveilleux passage pour moi !) C'est à ce moment que ma passion s'est éveillée ! Je n'ai pas compris tout de suite ce qui m'arrivait, et il a fallu longtemps pour que tout se mette en place. Il m'était impossible de nommer ce qui se passait en moi. Ce que je faisais avec mes mains m'apportait-il une nouvelle vie ? Aujourd'hui, je suis en mesure de comprendre pleinement à quel point ma créativité a été déterminante dans ma guérison.

J'ai continué à expérimenter avec ces outils, ce qui m'a amenée à me lancer dans l'artisanat basé sur le fil d'acier. Puis la laine est entrée dans ma vie grâce à une enseignante de l'école maternelle de Julia. Merci, merveilleuse Gunilla, grâce à toi, je combine maintenant ces deux matières si différentes. Je fabrique des objets avec de vieux matériaux et je leur donne un sens grâce à mes forces créatives. C'est le fait d'être devenue capable de créer qui m'a donné un style de vie et m'a permis de vivre et de survivre.

NOUVELLES RECHERCHES, NOUVELLES EXPÉRIENCES

Des recherches récentes ont été consacrées à l'influence de la créativité et des activités culturelles sur le bien-être de la personne. Les médias affirment que la danse, le chant choral et même le théâtre devraient faire partie des prescriptions médicales.

Dans son livre *Memory Back and Forth*, le Dr Pontus Wasling, qui a fait des recherches sur le cerveau, écrit ceci :

Une étude réalisée en Ostrobotnie, région côtière de l'ouest de la Finlande, démontre à quel point la vie sociale y est importante. La population de l'Ostrobotnie est composée de Finnois et de Suédois qui s'expriment dans les deux langues. On a remarqué entre ces deux groupes – en dépit du fait qu'ils ont le même bagage génétique, les mêmes habitudes liées au tabac et à l'alcool, à l'activité physique et à l'alimentation – une large différence dans le taux de mortalité due aux maladies du cœur. La différence s'explique par la cohésion sociale. Le groupe suédois a des liens sociaux plus forts que le groupe finnois, et cela semble suffire à rendre les Suédois plus vigoureux et à augmenter leur espérance de vie. Une des explications concernant les liens sociaux très forts chez les Suédois tient au fait qu'ils chantent plus souvent dans les chœurs.

D'autres recherches démontrent qu'une activité culturelle pendant les heures de travail réduit le nombre de congés de maladie. Des études ont été faites sur les « jours libres » au bureau principal de Google à Los Angeles. Les employés peuvent disposer d'un jour par semaine pour faire ce dont ils ont envie. Ces « jours libres » leur permettent d'augmenter leur créativité et leur autodiscipline – ce qui améliore leurs performances et leur productivité.

L'art véritable se caractérise chez l'artiste par un besoin urgent et irrésistible de créer.

Albert Einstein

Nous savons aujourd'hui à quel point les activités culturelles affectent positivement notre corps. Eva Boijner Horwitz décrit certains de ces impacts dans *Culture for Health's Sake*, un ouvrage fantastique. Elle fait la liste de 16 activités culturelles et loisirs, désigne la partie du corps affectée par ces activités et décrit leurs effets favorables sur la santé. N'est-il pas extraordinaire de savoir que nous pouvons réduire nos hormones du stress en tricotant ? Que nous pouvons améliorer notre mémoire en dansant ? Et renforcer notre système immunitaire en écrivant ?

QUE SE PASSE-T-IL DANS LE CERVEAU ET DANS LE CORPS ?

Pour simplifier, disons que nos neurones sont connectés grâce aux synapses. Nous utilisons nos synapses pour résoudre des problèmes et pour stocker nos pensées et nos sentiments – mais elles doivent être constamment stimulées pour survivre. Quand nous pratiquons une activité culturelle, notre cerveau devient plus malléable, en conséquence, le nombre de nos synapses s'accroît et de nouvelles cellules mémorielles sont créées. Il est même possible de nos jours d'utiliser certaines caméras pour mesurer les réactions du cerveau à différentes activités culturelles. Ainsi, certaines activités renforcent la résilience des synapses. Lorsque les activités s'accroissent et sont renforcées dans les synapses, nous avons plus aisément accès à nos souvenirs, à nos pensées et à nos sentiments. Ces activités nous permettent aussi de nous sentir mieux.

Quand nous pratiquons différentes activités artistiques et culturelles, nous apprenons à mieux connaître notre corps ; nos hormones du stress diminuent, notre système immunitaire se renforce, notre tension artérielle baisse, nous comprenons mieux nos sentiments, et nous nous sentons plus calmes.

Quand nous créons un objet que nous pouvons voir et toucher, nous devenons plus présents au moment, nous ressentons un sentiment de lien, de connexion, nous nous détendons, nous sommes plus énergiques, plus courageux, et il nous est plus facile de rompre avec de mauvaises habitudes… et bien d'autres choses ! Horwitz poursuit son discours :

> *Créer grâce à l'écoute de ce qui nous touche ou en faisant vibrer des cordes sensibles qui nous émeuvent profondément ; nous forcer à relever des défis en sortant de nos propres limites ; nous inspirer par le biais de nouvelles connaissances : c'est cela qui donne à nos activités culturelles et artistiques un impact à la fois spirituel et guérisseur.*
>
> *[…] La collaboration entre l'esprit, le système nerveux et le système immunitaire explique une partie des effets guérisseurs de l'art. […] La force des idées et des conceptions mentales pouvant changer des processus physiques, celles-ci peuvent dès lors être considérées comme guérisseuses ! […] En puisant dans les symboles, nous essayons de représenter des sentiments que nous ne pouvons mettre en mots, même si ces symboles ne peuvent remplacer les propres codes et*

formes d'expression de notre corps. Par contre, les activités culturelles peuvent, à un certain degré, combler ces aspects non verbaux dont nous avons besoin pour créer un sentiment de plénitude et de bien-être.

Que devons-nous faire pour que nos actions soient favorables à notre santé ?

L'activité doit être faite de façon volontaire. Elle doit nous faire éprouver plaisir et passion.

Qu'est-ce qu'une activité créative ?

Les activités créatives comprennent la fabrication d'un élément nouveau. Par exemple, faire d'un objet vieux un objet neuf en faisant appel à notre imagination ou à un jeu de rôle. L'imagination fertile des enfants et les jeux de rôle sont très importants pour leur développement créateur. Les activités alourdies par des règlements, de la compétition, de l'imitation, et les activités purement fonctionnelles (vélo, marche) sont moins créatives. Donner des récompenses n'est pas un bon moyen de stimuler le processus créatif.

> **Tous les enfants sont des artistes. Le problème, c'est de trouver le moyen de le rester quand on grandit.**
>
> **Pablo Picasso**

Comment naît une idée ?

Dans *Memory Back and Forth*, le Dr Pontus Wasling aborde la structure générale de la mémoire. Il décrit les deux types de mémoires utilisées par différentes parties du cerveau. La première est le type de mémoire « Je-sais-ça » (convergente), soit la mémoire grâce à laquelle nous comprenons que quelque chose peut être fait. L'autre est le type de mémoire « Je-sais-comment » (divergente), grâce à laquelle nous utilisons la méthode adéquate pour accomplir cette chose. Pour créer une nouvelle idée, nous devons combiner les mémoires convergente et divergente. Mais il faut plus que cela pour devenir créatif.

COMMENT DEVENIR PLUS CRÉATIF ?

La première étape consiste à améliorer la pensée divergente, d'apprendre COMMENT les choses fonctionnent. Un exercice classique de créativité consiste à donner à une personne ou à un groupe de personnes, un trombone, une épingle à cheveux, une chaise et un quelconque objet, et de lui ou de leur demander de leur trouver le plus d'usages différents possible. La deuxième étape consiste à ajouter les mots « ne pas » à une question. La troisième est de demander combien de combinaisons différentes elles peuvent trouver en additionnant jusqu'au chiffre 8, au lieu de simplement leur demander ce que font 4 + 4.

Voici quelques exercices à pratiquer individuellement ou en groupe afin de commencer à penser de façon innovante.

Si vous voulez devenir plus créatif :

- Accordez-vous des moments de silence.
- Faites des liens entre les choses, rassemblez le « Je-sais-ça » et le « Je-sais-comment ».
- N'oubliez pas de réfléchir et de résumer.
- N'ayez pas peur de l'échec.
- Bougez-vous ! Changez d'endroit, de pièce ; partez en voyage.
- Quand vous calez, arrêtez-vous et faites autre chose.
- Pensez en oppositions.
- Faites une chose que vous n'avez jamais faite.

Pour quelle raison est-il bon d'accroître votre créativité et de pratiquer des activités culturelles ?

La créativité n'est pas seulement importante dans les arts. Nous en avons besoin chaque jour. Elle nous est nécessaire pour les prises de décisions, pour résoudre un problème, pour communiquer avec nos semblables, pour veiller sur nos enfants et pour avoir un dialogue avec d'autres adultes.

Lorsque nous sommes plus créatifs, nous avons l'impression que toutes nos démarches deviennent plus aisées et nous ressentons à la fois un bien-être et un sentiment de sécurité.

Ce qui distingue les êtres créatifs des autres est qu'ils sont plus ouverts et possèdent un niveau plus élevé de tolérance. N'est-ce pas la qualité dont nous avons le plus besoin aujourd'hui ?

> **La créativité, c'est l'intelligence avec le plaisir.**
> Albert Einstein

CHANGEMENTS ET HABITUDES

Je ne suis pas encore arrivé là où je devrais être, mais grâce à Dieu je ne suis plus là où j'étais.

Joyce Meyer

Quand nous nous sentons intérieurement instables, le besoin d'habitudes, de routines et d'exactitude prend une importance toute particulière. Quand le chaos règne dans notre cerveau, nous essayons de compenser ce désordre avec un environnement stable.

C'est une réaction intuitive : nous recherchons l'équilibre.

Tout ce que nous savons et faisons, nous l'avons copié chez les personnes qui font partie de notre environnement ; nous avons appris grâce à la répétition et à la création d'habitudes – aussi bien bonnes que mauvaises. Les bonnes habitudes nous réconfortent et les mauvaises nous donnent l'impression d'être encore plus mal en point. Ce qui est familier nous apporte une sensation de sécurité. Même des éléments négatifs peuvent nous sembler sans danger lorsque nous y sommes habitués.

Nous nous laissons facilement enfermer dans nos habitudes et nos opinions et nous sommes prêts à les défendre bec et ongles. La seule solution, quand nous nous sentons mal, c'est le changement.

Le changement est nécessaire pour rompre avec les mauvaises habitudes et les remplacer par des habitudes saines qui apportent un sentiment de bien-être.

Notre cerveau déteste le changement. Trois ou quatre semaines sont indispensables pour créer une nouvelle habitude – à la condition expresse que nous la répétions aussi souvent que nécessaire. Tout dépend aussi, bien entendu, de ce que nous voulons changer. Tous ceux qui ont tenté de rompre avec une habitude savent que cette démarche peut être longue et difficile. Rassembler ses forces et son courage est essentiel ; il arrive même que l'on ait besoin de sa famille, d'un ami ou même d'un thérapeute.

On ne se rend pas toujours compte qu'une habitude doit être brisée avant de repartir sur de bonnes bases. N'hésitez pas à inscrire un pense-bête sur votre main, à coller une note sur le réfrigérateur, à demander à vos amis de vous rappeler à l'ordre.

Une des raisons majeures qui expliquent pourquoi vous avez une ou plusieurs mauvaises habitudes, c'est qu'elles sont récompensées par un avantage quelconque – un avantage qui n'est jamais bon pour vous !

> **Avant de maîtriser une nouvelle manière de vivre, vous devez adopter une nouvelle manière de penser.**
> **Marianne Williamson**

Même si une mauvaise habitude est cause de stress, d'inquiétude et d'anxiété, il est étrange que nous acceptions de rester englués dans ce comportement néfaste à cause de ses soi-disant avantages. Que vous le croyiez ou non, beaucoup de gens s'interdisent de se sentir bien à cause des effets « positifs » de leurs mauvaises habitudes.

> ***Lucinda Bassett raconte cette curieuse histoire :***
> *Un chauffeur de camion m'a contactée après avoir terminé un de mes cours anti-stress. Il m'a appris que ce programme ne lui avait été d'aucune aide. Je lui ai demandé comment il se sentait au volant de son camion. « Je déteste ça ! » m'a-t-il répondu. Alors je lui ai demandé comment il s'en sortait. Réponse : « Je suis en congé de maladie. »*

Pas étonnant qu'il ne se soit pas senti mieux ! Sa récompense pour sa maladie était d'éviter un boulot qu'il détestait !

Pour réussir à créer une nouvelle habitude, il faut que celle-ci trouve sa récompense !

Quand vous décidez de rompre avec une mauvaise habitude et de la remplacer par une bonne, vous devez remplacer le système de récompense inscrit dans votre cerveau par un système de récompense qui soit au moins aussi agréable que celui que vous rejetez.

Asseyez-vous et, calmement et paisiblement, décrivez par écrit les récompenses que vous apportent vos mauvaises habitudes. Soyez parfaitement honnêtes dans vos réponses !

Peut-être bénéficiez-vous d'une plus grande attention de vos proches quand vous ne vous sentez pas bien ? Peut-être vous délivrent-ils de vos obligations et de vos responsabilités en les accomplissant à votre place ? Peut-être ne s'attendent-ils pas à ce que vous participiez aux tâches quotidiennes parce qu'ils se sentent désolés pour vous ?

Votre maladie peut aussi vous servir d'excuse pour éviter de prendre des décisions importantes, comme changer d'emploi, briser une mauvaise relation, etc.

Il est facile de blâmer les autres, surtout lorsqu'on a grandi dans une famille divisée par de nombreux problèmes. Efforcez-vous d'oublier le passé. Efforcez-vous de vous pardonner vous-même – et de pardonner à vos proches – pour ces choses négatives qui vous sont arrivées ou qui vous arrivent encore. Peut-être avez-vous besoin de l'aide d'un thérapeute.

Vous êtes peut-être effrayé lorsque vous vous rappelez que vous êtes responsable de votre propre existence. Ce niveau d'inquiétude peut changer et être remplacé par un niveau équivalent de plaisir, mais il y a une condition : vous devez prendre le contrôle de votre vie ! C'est lorsque vous accomplissez des changements positifs que vous grandissez en tant qu'être humain !

Les bénéfices du changement et de la guérison sont beaucoup plus irrésistibles que les misérables récompenses reçues lorsqu'on se complaît dans une attitude négative.

Prenez vos responsabilités et cessez de critiquer les autres ! C'est vous et personne d'autre qui devez décider de faire les changements indispensables pour réduire votre stress, vos inquiétudes, votre anxiété et vos comportements négatifs.

> **Le changement et l'épanouissement se manifestent lorsqu'on a le courage de prendre des risques et d'oser s'impliquer dans des expériences concernant sa propre existence.**
>
> **Herbert Otto**

Nous avons tous entendu les mêmes sempiternelles excuses : « Je ne peux pas changer ! », « Je suis comme je suis ! », « C'est mon style de vie ! », « J'ai toujours été comme ça ! », etc. Tout cela revient à dire que l'on n'a pas l'intention de changer, ou que l'on a peur du changement. Cela démontre que l'on dit NON à l'épanouissement et au développement en tant qu'être humain !

Imaginez que la vie soit un gros cadeau avec beaucoup de petits cadeaux dedans. Vous n'avez pas encore défait tous les emballages. Votre résistance au changement interdit à votre curiosité de vous révéler ce qui reste à découvrir dans chaque paquet. Et pourtant, aussitôt que vous commencerez à les ouvrir, vous découvrirez qu'ils sont illimités ! Ne pas ouvrir des présents, c'est comme empêcher une vie nouvelle de se développer !

Ne remettez pas à demain, ne vous racontez pas d'histoires, ne vous dites pas que vous le ferez quand vous vous sentirez plus fort – ou quand quelqu'un d'autre en prendra l'initiative à votre place. La vie est trop courte pour remettre à plus tard. **C'est maintenant qu'il faut vivre.**

Les merveilleux extraits suivants sont tirés du livre *Apprendre à vivre et à aimer,* de Leo F. Buscaglia :

> *« Rire, c'est risquer d'avoir l'air fou. » Et alors ? Les fous s'amusent beaucoup !*
>
> *« Pleurer, c'est risquer d'être traité de sentimental. » Bien sûr que c'est sentimental ! J'adore ça ! Ça aide, les larmes !*

« Aller vers l'autre, c'est risquer de s'engager. » Qu'est-ce qu'on risque à s'engager ? J'adore m'engager.

« Exprimer ses sentiments, c'est risquer de montrer son vrai soi. » Qu'est-ce que j'aurais d'autre à montrer ?

« Clamer ses idées et ses rêves devant la foule, c'est risquer d'être traité de naïf. » Bah, on m'a traité de bien pire que cela !

« Aimer, c'est risquer de ne pas être aimé en retour. » Je n'aime pas aimer pour être aimé en retour !

« Vivre, c'est risquer de mourir. » Je suis prêt. Et ne vous avisez pas de verser une larme quand vous apprendrez que Buscaglia a cassé sa pipe ou est mort subitement. Il l'a fait avec enthousiasme.

« Espérer, c'est risquer d'être désespéré, et essayer, c'est risquer d'échouer. » Mais les risques sont faits pour être pris, parce que le plus grand risque dans la vie c'est de ne rien risquer. L'individu qui ne risque rien ne fait rien, n'a rien, n'est rien et ne devient rien. Il évite peut-être de souffrir et de se faire du souci, mais il évite aussi d'apprendre, de sentir, de changer, d'aimer, et de vivre. Enchaîné dans ses certitudes, il est un esclave. Il a déclaré forfait, il a abandonné sa liberté. Seule la personne qui risque est vraiment libre. Essayez et vous verrez !

Oser prendre des risques, c'est cela, la vie !

LES VOLEURS D'ÉNERGIE

Vous vous demandez sûrement comment réagirait votre entourage si vous commenciez à changer et à changer votre vie. Il réagirait sans doute positivement et vous traiterait avec un respect tout neuf quand il vous verrait défendre vos idées et donner la priorité à vos besoins. Ceux de votre entourage qui ne le feraient pas, à l'opposé, seraient ceux qui ont probablement des difficultés à affronter les changements chez les autres en raison de la jalousie ou de l'insatisfaction dues à leur propre incapacité de changer eux-mêmes. Vous pouvez vous passer de ces gens : ils ne vous apportent rien de positif et ne font que drainer votre énergie. Ils pourraient se dire qu'ils vous trouvaient mieux avant ; ils pourraient déplorer de vous entendre dire des choses que vous ne leur avez jamais dites ; ils pourraient regretter de vous voir faire des choses que vous n'avez jamais faites auparavant ; ils pourraient se convaincre que vous êtes devenu égoïste parce que vous êtes maintenant capable de dire non et que vous osez fixer des limites.

Entourez-vous de gens qui veulent que vous vous sentiez bien.

Il est bon de vous demander qui va bénéficier le plus profondément de votre changement.

Les changements peuvent d'abord survenir en vous, dans votre façon de penser, de réagir, de vous relier aux autres. Comment laissez-vous votre environnement vous influencer et dans quelle mesure ?

Comment vous voyez-vous et comment voyez-vous vos possibilités ? Pour atteindre vos objectifs, il est important que vous sachiez ce que vous voulez et que vous défendiez vos convictions et vos désirs. Parce que vous êtes VOUS et personne d'autre !

Chaque jour est un nouveau jour, et c'est VOUS qui décidez de quelle manière vous allez le vivre.

Aucun changement ne peut se faire sans effort. La seule chose dont vous avez besoin pour vous lancer dans la bataille est de savoir que c'est VOUS qui créez votre vie, celle que vous voulez, et que si vous ne le faites pas, un autre ou d'autres le feront à votre place ! Il n'est pas facile de rester original quand le reste de la société s'ingénie à se copier.

> ***Les excuses de Mats :***
> *Je me suis demandé ce que je gagnais à être stressé, inquiet et angoissé. Tout ce que j'arrivais à admettre, c'était à quel point cela me faisait du mal. Aujourd'hui, tout est devenu clair ! Cela me permettait de ne plus prendre autant de responsabilités d'ordre pratique à la maison. Je ne nettoyais plus, ne faisais plus la lessive, ne préparais plus les repas,*

parce que de toute façon Susan était à la maison en congé de maternité ! Susan ne me demandait pas mon aide quand elle voyait combien j'étais stressé, fatigué, épuisé quand je rentrais le soir à la maison. J'avais toujours une bonne excuse quand je ne prenais pas le temps de faire des exercices physiques. En vérité, c'était par paresse, et je nuisais ainsi à mon corps. Je me sentais mal à l'aise quand venait l'heure d'aller au gymnase parce que je me disais que tout le monde était en bien meilleure forme que moi. Mais lorsque je me suis obligé à agir, en dépit de ma fatigue et de mes occupations, j'ai découvert le bien énorme qu'un bon entraînement faisait pour soulager mon stress et mon anxiété.

Aujourd'hui, l'exercice physique est devenu une habitude positive dans ma vie. Rien ne peut plus m'empêcher de m'entraîner.

Le comportement négatif de Susan :
Jeune femme, j'avais un comportement négatif qui se manifestait, entre autres, par de l'agressivité. J'étais, en apparence, récompensée de cette agressivité parce qu'elle me permettait de faire ce que je voulais. Je n'étais pas paresseuse, j'ai toujours travaillé d'arrache-pied, toujours essayé de faire les choses par moi-même, et de prendre mes propres décisions. Je travaillais beaucoup pour avoir des félicitations. Je voulais qu'on m'écoute et j'exprimais constamment mes opinions pour ne pas avoir l'air superficielle, timide, ignorante, ennuyeuse. J'avais peur de ne pas être aimée, mais c'est parce que mon estime personnelle était défaillante. Les récompenses que me procurait mon comportement sont devenues très claires pour moi. À présent, je veille à changer petit à petit. J'ai compris que je pouvais être aimée pour d'autres raisons que mes accomplissements.

En tant que couple et en tant que famille, nous avons fait de nombreux changements pour avoir une vie plus satisfaisante. Celui qui nous a paru le plus important a été de cesser de travailler autant. Pour y arriver, nous avons réduit notre train de vie. Nous avons vendu notre grande maison et acheté un condominium plus petit, plus modeste. Nous avons aussi vendu une voiture et revu à la baisse toutes nos autres dépenses.

Nous avons fait ces changements pour nous créer une meilleure qualité de vie. Nous avons modifié nos habitudes dans notre alimentation, nous faisons de meilleurs choix en matière de nourriture. Nous échangeons beaucoup plus et essayons de prendre le repas du soir ensemble, dans la cuisine, et d'en faire un moment de quiétude. Nous nous racontons notre journée. Chacun de nous a la possibilité de réfléchir, de voir l'autre, nous ne nous contentons plus de nous croiser de temps en temps. Et nous essayons de proscrire le cellulaire pendant les repas !

Ouvrez votre esprit et laissez-vous emporter dans le voyage exaltant qui mène au changement et crée de nouvelles habitudes positives. Ouvrez ces cadeaux merveilleux qui vous sont offerts – ils sont là, devant vous. Ils n'attendent qu'une chose : que vous les déballiez !

Si nous allons tous dans la même direction, nous ne nous rencontrerons jamais !

Anonyme

VOUS MÉRITEZ DE VOUS SENTIR BIEN !

Jouissez des petites choses de la vie ! Un jour, vous regarderez en arrière et vous constaterez que ces choses n'étaient pas petites du tout !

Anonyme

Avez-vous le sentiment d'avoir dû emmagasiner une foule de choses ? Notre espoir est que ce livre vous donne le coup de fouet nécessaire pour vous lancer dans une saine réflexion sur ce qu'est en ce moment votre vie.

Commencez par penser à ce qui est bon et bien dans votre vie et notez-le. Remercier est excellent pour l'âme !

Ensuite, notez ce qui n'est pas aussi bon.

Avec l'aide des conseils, des astuces et des techniques décrites dans cet ouvrage, vous pouvez dès maintenant entamer votre transformation en un nouvel individu capable d'atteindre ses objectifs.

Une grande part de cette transformation repose sur le choix que vous allez faire concernant votre façon de penser la vie. Sur quels facteurs allez-vous décider de vous focaliser ? Allez-vous choisir ce qui est négatif et difficile dans votre vie quotidienne, ou les éléments positifs qui vous apportent joie et équilibre ? À vous de décider, personne ne peut le faire à votre place ! Vos inquiétudes et votre stress sont largement causés par votre manière de penser, mais il n'est jamais trop tard pour changer. Même si vous n'avez jamais pu, durant votre enfance, vous concentrer sur ce qui était important dans l'existence, vous pouvez l'apprendre aujourd'hui.

Si vous trouvez que les connaissances et les conseils dispensés dans ce livre ne sont pas suffisants pour vous venir en aide, n'hésitez pas à contacter un thérapeute. Soyez ouvert et précis à propos de vos sentiments, de vos émotions et de vos symptômes. Aussitôt que vous aurez accompli ces premières démarches, vous ressentirez un immense soulagement, et le changement commencera à se manifester. Vous savez maintenant que vous pouvez réussir. Vous n'êtes plus seul.

Vous méritez de vous sentir bien et vous pouvez changer !

Il y a toujours quelque chose dans la vie dont on peut se sentir reconnaissant !

> Quand vous PARDONNEZ, vous ne changez pas le passé, vous CHANGEZ l'avenir !
>
> Anonyme

MATS ET SUSAN AUJOURD'HUI

Aujourd'hui, nous savons combien il est important d'avoir une pensée réaliste et positive. Nous nous rappelons chaque jour l'un à l'autre ce grand principe. Nous accordons une plus grande attention à notre corps ; nous voyons comment il réagit quand nous ne prenons pas soin de nous-mêmes. Nous accueillons ces signaux avec le plus grand sérieux et essayons aussitôt de nous comporter de façon plus saine.

Aujourd'hui, nous osons dire non, nous avons des attentes plus réalistes, nous avons appris à défendre ce en quoi nous croyons, nous voulons nous accepter et nous aimer tels que nous sommes.

Nous donnons la priorité à notre personne, car nous savons que cela va aider notre famille. Nous avons un plus grand respect l'un pour l'autre et prêtons une oreille plus attentive à nos opinions respectives.

Nous n'oublions jamais ce qui est important dans la vie, à savoir que :

Nous sommes là l'un pour l'autre ; nous veillons sur notre fille Julia, et sur Elsa et Martin, les enfants qui nous sont confiés à temps partiel ; sur nos parents et sur nos frères et sœurs. Nous nous rappelons sans cesse que nous sommes en bonne santé et que notre existence est agréable. Nous faisons de notre mieux pour nous encourager mutuellement, nous féliciter, et prendre davantage soin l'un de l'autre.

Chaque jour, nous nous efforçons d'être plus présents à la vie. Cela nous est plus facile depuis que nous avons les mêmes objectifs.

Notre société s'appelle Inner Health Education. Elle est située près de Kalmar, en Suède, dans une superbe maison du XIXe siècle qui abrite notre bureau, un studio, une boutique et des espaces d'enseignement. Nous sommes engagés, individuellement et ensemble, dans un accompagnement personnalisé de tous ceux et celles qui font appel à nous.

Faites d'une présence consciente une partie naturelle de votre existence. Cela changera toute votre vie.

Mats et Susan Billmark

NOUS VOULONS REMERCIER...

L'écriture de ce livre fut une grande entreprise. Nous sommes extrêmement reconnaissants à l'égard de nos amis et de notre famille. Leur soutien, leurs conseils, leurs connaissances et leur inspiration ont été immenses. Sans eux, nous n'aurions peut-être jamais été capables de terminer cet ouvrage.

Des remerciements tout particuliers à :

Mathias Billmark, pour ses idées et sa patience. Il nous a apporté ses connaissances et son aide afin que ce livre devienne ce que nous voulions qu'il soit.

Guy Dombrowsky Nilsson, pour sa vigilance et sa compréhension de nos objectifs lors de l'écriture de ce livre.

Eva et Stig Sjöde, pour leur soutien dans les moments difficiles. Sans l'aide de ce couple fantastique, peut-être ne serions-nous plus ensemble aujourd'hui.

Julia Billmark, pour sa patience envers maman, papa, et leurs projets particuliers.

Ulla Billmark, pour avoir pris soin d'Alice, notre chien, quand nous n'en avions pas le temps, et pour s'être occupée de toutes ces petites choses qui ont tant d'importance...

Mikael Werthwein, pour son engagement et son enthousiasme. Mikael est un véritable ami. Ce fut merveilleux d'échanger des idées avec lui pendant ce voyage d'écriture. Merci pour tout ce qu'il a peint à notre intention.

Pelle Friberg, pour son soutien lorsque nous nous débattions dans des difficultés techniques, que ce soit l'installation d'une étagère ou un problème informatique.

Per Eriksson, notre comptable, qui a cru dès le premier jour à nos idées.

Olof Enström, Yves Troendlé et Ronad Rosengren, pour leur œil implacable dans la détection de fautes de frappe.

Carolyn Dickman, présidente de la société de Lucinda Bassett, pour sa lettre aussi inattendue qu'inspirante.

Ylva Ellenby, pour toutes nos conversations agréables et ses bons conseils.

Inga-Lill Morén-Hübbinette, notre docteure, pour avoir compris la gravité de nos maux.

Tomas « Ironman » Gustavsson, pour avoir cru en notre projet et l'avoir soutenu.

Jiri Svensson, le psychologue de Mats. Mats a trouvé en lui un thérapeute comportemental cognitif extrêmement qualifié.

Kare Wahlberg, la merveilleuse concierge de notre petite maison d'Öland, où ce livre a été écrit.

TABLE DES MATIÈRES

Suivez-nous sur le Web

Consultez nos sites Internet et inscrivez-vous à l'infolettre pour rester informé en tout temps de nos publications et de nos concours en ligne. Et croisez aussi vos auteurs préférés et notre équipe sur nos blogues!

EDITIONS-HOMME.COM
EDITIONS-JOUR.COM
EDITIONS-PETITHOMME.COM
EDITIONS-LAGRIFFE.COM

Achevé d'imprimer au Canada
sur papier Enviro 100% recyclé